뿌리깊은
지명이야기

신화와 전설, 역사가 새긴 지명으로 읽는 유럽 문화사

뿌리깊은 지명이야기

우메다 오사무 OSAMU UMEDA 지음

위정훈 옮김

Bonn

Phoinike

Santiago

Zaragosa

London

Colchester

Paris

파피에

지명으로 중세의 비밀을 풀어가면

영국을 시작으로 유럽 여러 나라에서는 고대부터 중세에 걸친 역사의 암흑을 푸는 수단으로 지명연구가 왕성하게 이루어지고 있습니다. 지명은 과거에의 도표이지만, 그것은 다시 현대의 도시나 커뮤니티의 성립과정, 그리고 풍토의 해명으로 이어지는 것이기도 합니다. 이 책은 그리스인, 로마인, 켈트인, 게르만인이 남긴 지명에 빛을 비추어가며 유럽의 문화사를 엿보려는 시도입니다.

지명에는 지형, 그 땅의 사회적 기능이나 산물에서 비롯되는 것이 자주 눈에 띕니다. 신화나 전설에 뿌리를 둔 것도 많습니다. 지명은 또한 민족의 흥망을 잘 반영한 것이어서, 지명에 얽힌 역사적 사실도, 영웅들이 활약하는 모습도 다채롭게 흥미롭습니다.

동시 출간된 『뿌리깊은 인명이야기』도 이 책과 비슷한 의도를 갖고 쓴 것입니다. 이 책은 같은 책의 자매편이라 할 수 있으며, 함께 읽으면 유럽의 성립이나 문화사가 훨씬 선명해져올 것입니다.

이번에 두 권이 모두 한국어로 번역되어 출판되는 것은 지은이로서 더할 나위 없는 기쁨입니다. 그런 기쁨을 누리게 해주신 한국어판 옮긴이 위정훈씨와 파피에 출판사 여러분께도 마음으로부터 예를 올립니다.

2006년 7월 12일
고베에서
우메다 오사무

처음에

이 책은 지명을 실마리로 삼아 유럽의 풍토를 이루는 밑바탕에 무엇이 있었고, 어떤 발상이 자리잡고 있었는지를 살펴보려 한 것입니다. 바꿔 말하면, 현대 유럽인의 생활이나 사고방식을 보다 잘 이해하기 위해 유럽의 옛 모습을 찾아내려는 시도라고 말할 수 있습니다.

민족의 교류와 항쟁, 이동이 다이내믹하게 반복되었던 유럽 대륙에서는 지명이 유럽의 형성과정을 이해하는 데에 하나의 실마리가 될 수 있습니다. 예를 들자면, 제가 1년 동안 대학의 객원연구원으로 머물렀던 영국에서는 지명연구가 활발해서 켈트(브리튼)인, 로마인, 앵글로색슨인, 바이킹, 노르만인들의 항쟁, 공존의 방법이나 옛날 사람들의 생활실태와 더불어 영국의 형성과정이 해명되고 있습니다. 그것은 유럽 전역에 대해서도 마찬가지라고 말할 수 있습니다.

유럽의 지명은 대항해시대에 식민지 활동과 그리스도교 포교활동을 통해 세계 속으로 퍼져갔습니다. 신대륙 등의 지명을 조사해 보면 도시나 국가의 성립에 관련되었던 사람들의 생각이 떠올라서, 오늘날 일어나는 다양한 사건을 통찰할 수 있게 해줍니다.

이 책을 즐기면서 여러분이 유럽과 친해지기를, 그리고 이 책이 21세기를 살아가는 우리가 세상을 이해하는 데에 한 줄기 빛이 되기를 바랍니다.

우메다 오사무

차례

2장 유럽의 기저민족 켈트인

카이사르가 말하는 켈트인 · 문신을 새긴, 쫓겨가는 민족 · 켈트인의 힐포트 · 글렌과 로크의 호박빛 물

파리의 기원과 몽마르트 · 성채도시 본, 불로뉴, 볼로냐, 빈 · 툴루즈와 톨레도 · 링컨과 그 주변

빛의 신 루 · 모신 브리깃 · 열렬한 그리스도교 신앙을 말하는 아일랜드의 Kil-

4장 게르만적 브리튼의 형성

5장 중세적 세계에서 대항해시대로

원서 범례

_ 지명 표기는 원칙적으로 관용적 표현에 따르고, 관용적 표기가 정해져 있지 않은 경우는 현지, 원어주의에 따랐다. 그리스어나 아라비아어 표기는 로마자화했다.

_ *표시가 붙어 있는 말은 재구성어(再構成語)로, 이론적으로는 존재했으리라 여겨지지만 실제로 존재했던 것이 증명되지 않은 말이다.

한국어판 일러두기

_ 본문의 지명 표기는 되도록 원서 표기에 따랐다.

_ 본문에 있는 상자 본문은 독자의 이해를 돕기 위해 원서에는 없는 것을 한국어판을 펴내며 삽입한 것이다. 상자 본문의 내용에 따른 책임은 한국의 출판사에 있다.

유럽의 옛 모습과 지명

지명의 유래는 필연적으로 지리, 지질, 신화, 역사, 정치, 경제 등과 깊은 관계가 있습니다. 그리고, 지명의 유래가 되었던 환경은 오늘날까지 지역 사람들의 삶에 커다란 영향을 미치고 있습니다. 이 책을 손에 든 여러분은 도시나 지방의 지형, 풍경, 민족의 이동에 따른 항쟁과 공존의 모습, 신화나 역사에 등장하는 사람들의 인물상을 즐기면서 유럽의 옛 모습을 보다 잘 이해하기 위한 지식과 관점을 얻을 수 있을 것입니다.

그럼 먼저, 어떤 나라에서든 볼 수 있는 돌과 풍토와 지명의 관계를 영국을 예로 들어 잠깐 살펴볼까요.

『폭풍의 언덕』의 고향

영국의 마을에는 그 땅에서 난 돌로 지은 건축물이 많아 돌의 특징이 지역 풍경에 독특한 분위기를 자아내고 있습니다. 코츠월드의 노란 석회암, 호수지대나 북웨일스의 푸른빛을 띤 슬레이트석, 스코틀랜드 북동부에 있는 도시 애버딘의 은빛 화강암 등은 참 매력적입니다. 오랜 세월의 비바람에 씻긴 외벽을 타고가는 담쟁이덩굴이나 장미가 잘 어우러져 중후함이 한층 돋보이지요. 낡은 창에는 꽃이 장식되어 있곤 해서, 실내의 온기가 전해옵니다.

영국 남부의 해안지대에서 많이 볼 수 있는 백악층에서는 하얗고 까만 무늬가 있는 프린트석이 많이 채취되는데, 프린트석 외벽에 초가지붕을 이고 있는 집들은 특히 멋스럽습니다. 도버의 하얀 절벽 위에 솟은 도버성(城)은 사암과 석회암과 프린트석을 많이 쓰

고 있으며, 부근에서 채취할 수 있는 석재를 효과적으로 짜맞춘 것
입니다.

서(西)요크셔나 하일랜드 지방 등의 양(羊)농장을 둘러싼 돌울타
리(스톤 헷지)도 영국의 독특한 풍물입니다. 몇 백 년이나 걸려 쌓
아져온 헷지는 빙하로 사라진 계곡에서 산의 능선까지 뻗어나가 역
사와 삶의 무게가 느껴지는 경관을 만들어내고 있습니다.

서요크셔에는 『폭풍의 언덕』의 무대가 되었던 하워스(Haworth)
라는 마을이 있습니다. Ha-는 앵글로색슨어 haga(헷지)이고, -worth
는 앵글로색슨어 worth(둘러싸인 땅)가 어원이므로 이 지명의 원래
뜻은 '헷지로 둘러싼 곳' 입니다.

하워스는 페나인 산맥의 계곡 사이에 생겨난 오래된 마을로 석
회암 집들은 모두 거무스름하고, 양의 목초지를 둘러싼 헷지도 거
무스름한 돌투성이입니다. 브론테 세 자매가 살았던 목사관도, 그
녀들의 아버지가 목사를 지냈던 교회도 거무스름합니다.

하워스 풍경.

주위의 웅대한 구릉지대 여기저기에는 널따란 히스 군생지가 있습니다. 히스는 브린튼섬과 아일랜드에서 많이 볼 수 있는 황야의 관목인데, 표토가 얇고 척박한 토지에 널리 무리지어 자라고 있습니다. 히스의 군생지는 여름 끝머리에 보랏빛 꽃이 한꺼번에 피고는 가을이 깊어지면 갈색으로 변합니다. 하워스 부근을 지나가면서 북풍은 강하고 싸늘해지지요.

Wuthering Heights(워더링 하이츠, 폭풍의 언덕)란 '폭풍 같은 찬바람을 맞는 땅'을 뜻하며, 이 지방 사람들이 자신들이 사는 땅을 이렇게 불렀다고 소설 첫머리에 씌어 있습니다. 하워스의 시초는 그런 황야에 생겨난 작은 '둘러싸인 땅'이었습니다. 주변 지형의 웅대함과 자연의 가혹함 앞에서 그 둘러싸인 땅은 참으로 미덥잖은

폭풍의 언덕 에밀리 브론테가 1847년에 발표한 소설. 요크셔의 황야를 배경으로 캐서린과 히스클리프의 광기어린 사랑을 그리고 있다. 황량한 산지에 있는 외딴 저택 '폭풍의 언덕'에는 언쇼씨가 아들 힌들리, 딸 캐서린과 살고 있다. 언쇼씨는 어느날 버려진 아이를 데려와 히스클리프라고 이름짓고 키운다. 세월이 흘러 언쇼씨가 죽자 힌들리는 히스클리프를 심하게 학대한다. 히스클리프는 캐서린을 사랑하지만, 캐서린이 근처의 지주 아들인 에드거에게 끌린다고 오해하고 집을 나간다. 캐서린은 그가 3년 동안 소식이 없자 에드거와 결혼한다. 3년 뒤 '폭풍의 언덕'으로 돌아온 히스클리프는 힌들리에게 복수를 결심하고 그를 유혹해 타락시키고, 힌들리의 아들 헤어턴을 쫓아낸다. 또, 에드거의 누이동생과 결혼해서 그녀를 학대한다. 한편 캐서린은 이름이 같은 딸을 낳고는 죽는다. 히스클리프도 죽어서 캐서린의 묘 옆에 묻힌다. 야성적이고 광기에 찬 인간의 애증을 강한 필체로 묘사, 발표 당시 거의 이해받지 못했으나 오늘날에는 인간 열정의 극한을 추구한 걸작으로 평가받는다.

것이었음에 틀림없지요.

『폭풍의 언덕』의 주인공은 히스클리프(Heathcliff)입니다. 그는 버림받은 아이로 자라나고, 양자로 들어간 집의 딸 캐서린을 향한 이룰 수 없는 사랑에 격렬하게 몸을 불태웁니다. 황량하게 휘몰아 치는 하워드의 풍경은 히스클리프의 마음 그대로인 듯하기까지 합 니다. 오늘날에는 그 세찬 바람을 이용한 풍력발전용 시설이 능선 에 빽빽이 늘어서 있는 것을 볼 수 있습니다.

돌과 지명

돌다리(stone bridge)는 영국 시골을 가면 어디서든 보이며, 마을 어귀에 있는 맑은 시내에 놓인 오래된 돌다리 등은 목가적인 한 폭 의 그림 같은 풍경입니다. 4월에 그런 곳에 가면 나팔수선화가 반 짝이듯 피어 있습니다. 가을 단풍도 아름답지요. 다리 가운데는 놓 인 지 몇 백 년이나 된 것이 있어, 반대쪽 차를 기다리지 않으면 지 나갈 수 없을 정도로 좁은 경우가 많습니다.

스코틀랜드 시골의 돌다리.

스톤브리지(Stonebridge), 스탠리(Stanley), 스탠턴(Stanton), 스탠 퍼드(Stanford), 스탬퍼드(Stamford), 스테인턴(Stainton), 스테인머 (Stainmoor) 등의 Stone-, Stan-, Stam-, Stain-은 돌과 깊이 관련된 지명 요소입니다.

Stanley의 -ley는 생활림이나 그 틈새에 있는 풀밭인데, 이 지명 은 아마도 표토가 척박한 풀밭에 돌이 여기저기 머리를 내밀고 있 는 목초지를 뜻할 것입니다. 페나인 산맥이나 컴브리아 지방, 웨일 스, 스코틀랜드 여기저기에서 그런 지형을 볼 수가 있으며, 스톤 헷 지(돌울타리)에 둘러싸인 목초지에서는 양이 풀을 뜯고 있습니다.

Stainton은 Stanton의 바이킹적인 변화형으로 잉글랜드 동중부에 서 북부에 걸쳐 보이는 지명입니다. 돌을 고대 북유럽어로 steinn이 라고 했습니다. 바이킹은 앵글로색슨인이 이미 식민지로 개척해놓 은 농장을 습격하거나 사들이면서 차츰 자리를 잡아가는데,그들의 식민지 개척에 의해 토지소유가 유동적이 되었습니다. 빚을 갚을 수 없게 되거나, 연공체납 때문에 토지를 빼앗기거나, 팔려고 내놓 는 일도 많았으므로 돌이 많은 농장, 또는 돌울타리로 둘러싸인 농 장 Stanton이 바이킹의 손에 넘어가 Stainton이라 불리게 된 경우를 생각할 수 있습니다.

거석유적과 그리스도교

Stan-이나 -ston(e)을 가진 지명에는 거석신앙의 거석에서 비롯 된 것이 있습니다. 거석신앙은 기원전 4000년이나 되는 옛날부터 시작되었다고 여겨지는데, 거기서 어떤 제의가 행해졌는지는 거의 알지 못합니다. 그러나, 불가사의한 이 거석들을 그리스도교 이전의 드루이드교 사제가 제의 장소로 썼던 것은 분명한 듯합니다. 스톤헨지(Stonehenge)는 이런 거석신앙의 대표적인 유적입니다. -henge는 영국과 아일랜드에서 자주 볼 수 있는 고리처럼 둥근 모양의 유적을 말합니다.

거석은 평평한 땅에 솟아난 듯 서 있기도 하고, 지금은 마을 변두리 나무숲에 숨어 있듯이 이끼옷을 입은 거석도 있습니다. Stanton은 영국 여기저기에 있는 지명으로 대부분은 '스톤 헷지에 둘러싸인 농용지'를 뜻하지만, 선사시대의 신앙에서 유래하는 거석(스탠딩 스톤)을 뜻하기도 합니다. 거석을 뜻하는 한 가지 예는 브리스톨 남쪽 12킬로미터 정도에 있는 스탠턴 드루(Stanton Drew)입니다. Drew는 매너(manor : 장원)의 영주 이름이며 이 마을의 변두리 목

스톤 헨지.

장에는 지금도 둥글게 서 있는 거석군이 있습니다.

이 거석군에 관해서는 몇 가지 전설이 남아 있습니다. 그 가운데 하나는 발굴조사를 하려 했던 사람이 불가사의한 마력에 의해 죽고 말았다는 것입니다. 다른 하나는, 이들 돌 가운데 중심이 되는 세 개의 거석은 신랑과 신부, 그리고 목사인데, 그들은 결혼식날 밤 축하연에서 악마의 음악에 맞춰 춤을 추며 흥겨워했기 때문에 돌로 변하고 말았다는 것입니다. 마을 사람들은 이 거석유적 전체를 '마녀의 집회(the Cove)' 라고 부르고 있습니다.

이런 거석이 분명하게 그리스도교의 십자가와 맺어졌던 예도 보입니다. 그리스도교가 영국에서 포교되기 시작했을 무렵, 설교의 장에는 커다란 돌로 된 십자가가 세워졌습니다.

십자가 신앙이 왕성해진 것은 콘스탄티누스 대제의 어머니 헬레나가 예수 그리스도 처형에 쓰인 '진정한 십자가(true cross)' 를 예루살렘에서 발견했다는 전설이 생겨난 4세기 무렵입니다. 영국에서의 십자가 신앙의 전형적인 예증으로, 8세기에 돌로 된 십자가에 새겨진 '십자가의 꿈("The Dream of Rood")' 이라는 유명한 시가 있습니다. 룬 문자로 쓰인 그 시는 사람들의 죄를 속죄하기 위해 '영웅적'으로 몸소 앞장서 십자가에서 처형된 예수를 묘사하면서 십자가의 뜻을 설교한 것입니다. 앵글로색슨어로 십자가를 rod(로드)라고 했는데, 그것은 영국 여기저기에서 보이는 지명요소인 Rud-나 Rad-의 어원이지요.

그 가운데 원래부터 놓여 있던 스탠딩 스톤이 포교를 위한 집회

장소가 되기도 했는데, 그런 곳에 차츰 교회가 세워졌습니다. 지금도 교회 부지에 거석이 보이며 그것이 지명의 유래가 되어 있기도 합니다. 동(東)요크셔의 러드스톤(Rudstone)은 하나의 예입니다.

러드스톤은 스카버러의 남쪽 해안에 있는 마을인 브리들링턴(Bridlington) 바로 서쪽에 있는 작은 촌락입니다. 마을 변두리 언덕

십자가의 꿈 앵글로색슨의 서정시로 꿈의 세계를 빌어 비유하는 꿈시의 최초 형태이다. 8세기 무렵에 루스웰 십자가에 룬 문자로 새겨진 글을 통해 일부만 알려졌으나, 1822년에 10세기의 베르첼리 사본이 발견되면서 전문이 밝혀졌다. 한 시인이 꿈 속에서 그리스도가 처형된 십자가를 본다. 십자가는 자신의 이야기를 들려주는 형식을 빌어, 그리스도가 십자가에 못박힌 것은 영웅적인 행동이라고 말하고 있다. 시의 일부는 다음과 같다. '보라! 내 최고의 꿈을 이야기하려 하나니, 유한한 존재 인간들이 침상의 휴식에 든 뒤 한밤중에 꿨던 꿈이었다. 나는 진기하고도 불가사의한 십자가가 나무 몸체에 환하게 내려앉는 빛에 둘러싸인 채 계속 위로 뻗어나가는 것을 보고 있었던 것 같다. (중략) 다음과 같이 말문을 열며 십자가가 이르기를: "아주 오래 전이지만 나는 아직도 기억한다, 숲의 가장자리에서 잘리어 내 보금자리를 떠나왔던 것을. 나를 붙잡은 강력한 적들은, 웃음거리를 만들기 위해 한 죄수를 들어올리라 내게 명했다. 그들이 어깨에 진 나를 언덕 꼭대기까지 받치고 가서 세우니, 거기 수많은 적들 한가운데에 박히게 됐더라. (중략) 그리고 그 젊은 영웅, 전능한 주께서 옷을 벗으시니, 굳세고도 단호하시더라. 많은 이들이 지켜봤듯 대담하고 용감하게 참혹한 교수대에 오르시니, 인류의 과거를 바로잡기 위함이라. 영웅께서 나를 안으실 때 나는 떨었다. 그러나 감히 굽히거나 땅바닥으로 떨어질 수 없으니, 나는 단단히 서 있었다. 나는 십자가가 되었고, 천국의 주인, 전능하신 왕과 함께 들어올려졌으되 여전히 감히 굽힐 수 없었다. 그들이 검은 못으로 내게 구멍을 뚫었으니, 그 자국, 그 벌어진 사악한 상처가 내 몸에 보였다. (중략) 주의 영혼이 거두어진 후, 나는 그의 옆구리에서 흘러내린 피로 흠뻑 젖었다. (후략)'

성 보톨프 교회 풍경 스케치.

에 기원전 2000년 무렵에 세워진 10미터 가까운 높이의 거석이 있습니다. 거석은 두말할 것도 없이 주변 사람들에게는 최대의 랜드마크였으며, 다양한 집회의 장이 되었고, 그리스도교가 포교되기 시작했을 무렵에는 설교의 장이 되었습니다. 그리고, 그 거석이 '십자가의 돌' 이라 여겨지게 되어 그 옆에 교회가 들어섰던 것입니다.

링컨셔의 보스턴(Boston) 역시 포교의 장으로 쓰인 돌에서 비롯되었다고 마을 사람들은 믿고 있습니다. 이 지명은 Botolph' s stone 이 단축되어 생겨났다고 여겨지고 있습니다. 오늘날, 보스턴에는 앵글로색슨 시대의 성인인 보톨프가 설교했던 돌 위에 지어졌다는 성 보톨프 교회의 멋진 탑을 멀리서도 바라볼 수 있습니다.

1장
지중해 문명의 새벽과 세계관

지리학의 아버지로 알려져 있는 고대 로마의 스트라본(BC 64?~AD 21?)은 "지리 기술(記述)의 실제적인 지식을 창시한 이는 호메로스다"라고 쓰고 있습니다. 과학시대에 살고 있는 우리들의 세계와 『일리아스』, 『오디세이아』의 세계는 많이 다릅니다. 그러나, 그리스 신화의 세계관은 상상력과 로망의 원천이 되어 현대에 이르기까지 우리의 세계관에 여전히 커다란 영향을 미치고 있습니다. 그것은 그리스인의 발상에 의한 지명이 지구에 그치지 않고 우주로까지 퍼지고 있는 사실로부터도 알 수 있습니다.

지중해 문명의 새벽도 그리스인의 신화와 풍부한 문헌에 의해 오늘날에 전하고 있습니다. 그들의 문헌이나 히브리인의 구약성서에서 선진 동방민족 페니키아인의 모습이 살짝 엿보입니다.

1.
신화의 로망으로 유혹하는 그리스 지명

그리스 신화의 천지창조

오늘날에 전하는 그리스 신화의 기초를 쌓은 이는 헤시오도스와 호메로스인데, 헤시오도스가 쓴 『신통기』는 그리스 신화의 창세기라고 부를 만한 것입니다. 『신통기』에 따르면, 태초에 모든 요소를 품은 가스 같은 것이 소용돌이치는 혼돈인 카오스(Chaos)가 있었습니다. 이어서, 카오스가 홀로 신들의 어좌(御座)인 대지 가이아(Gaia), 대지의 밑바닥인 타르탈로스(Tartarus), 견줄 바 없이 아름다운 에로스(Eros)를 낳았습니다. 그리고, 가이아가 홀로 하늘의 신 우라노스(Uranus)를 낳자 에로스의 힘으로 가이아와 우라노스가 맺어지고는 대지를 둘러싼 대양(大洋) 오케아노스(Oceanus)를 시작으로, 차례차례 자연이 모습을 갖추어 탄생합니다.

그리스인들은 오케아노스가 둥그런 대지의 끝을 소용돌이치면서 흐르고 있는 커다란 강이라고 생각했습니다. 그것은 그리스인들에게는 자신들에게 익숙한 지중해와 대칭하는 것이기도 했습니다. 신화시대의 그리스인에게 오케아노스는 미지의 세계이며 땅끝에 있다고 여겨지던 공상의 산물이었던 것입니다. 오케아노스 주변에는 낙원 엘리시온이나 저승 하데스 등이 있었습니다. 또한, 머리카락은 뱀이고 눈은 사람을 돌로 만들어버리는 힘이 있다는 고르곤이나, 제우스와 헤라의 결혼 선물로 가이아가 보내온 사과를 지키는 새벽별의 신의 딸들(헤스페리데스)이 있다고 여겨지고 있었습니다. 태양은 이 오케아노스로 저물고, 밤 사이에 커다란 황금잔을 타고 동쪽으로 건너가서 다시 오케아노스에서 떠오르곤 합니다.

Gaia는 '땅'을 뜻하는 ge의 시어(詩語)이며 여성명사입니다. 모든 동식물은 가이아에게서 태어나지요. 풍요의 모신 데메테르(Demeter)의 De-는 아티카 방언인 ge에 해당하는 도리아 방언인데, 이 이름의 원래 뜻은 '어머니이신 대지'입니다. '그리스 비극의 아

프레데릭 레이튼의 「헤스페리데스의 정원」.

구스타프 모로의 「프로메테우스」.

버지' 아이스킬로스는 「포박당한 프로메테우스」에서 프로메테우스의 어머니 가이아는 모습은 하나이되 다양한 이름을 갖고 있었다고 쓰고 있습니다. 곡물을 만들어내는 데메테르도 가이아가 좀더 고도로 인격화된 모습이라 생각할 수 있습니다.

만물을 만들어내는 어머니이신 대지 가이아와 마찬가지로, 대륙명도 그리스어로는 여성명사가 쓰였습니다. 그리스에서 옛날부터 쓰이고 있던 지명 에우로파(Europa), 아시아(Asia), 메소포타미아(Mesopotamia)나, 라틴어인 갈리아(Gallia), 브리탄니아(Britannia), 게르마니아(Germania) 등 지역이나 지방을 뜻하는 수많은 말에 -a나 -ia가 붙어 있는 것은 여성명사이기 때문입니다. 거기에 더해서,

새로 발견된 대륙에 아메리카(America)나 오스트레일리아(Australia) 등 여성명사가 쓰이고 있는 것도 대항해시대에 공식문서에 쓰였던 라틴어에 그리스어의 영향이 계승되었기 때문이지요.

해뜨는 아시아와 해저무는 유럽

'아시아'는 '나오다'나 '떠오르다'라는 뜻의 아카드어에서 비롯된 그리스어가 어원이며, 원래 뜻은 '해가 떠오르는 곳'입니다. 한편, '유럽'도 아카드어가 기원이라고 여겨지고 있습니다. 그리스어 Europe(에우로페)의 원래 뜻은 '해가 저무는 곳'입니다. 헤시오도스의 『신통기』에 따르면 에우로페는 오케아노스의 딸 가운데 한 명입니다.

아시아를 오리엔트(Orient), 유럽을 옥시덴트(Occident)라고 하는데, 이들은 그리스어의 뜻에서 로마인이 만든 말인 oriens(태양이 뜨는 곳)와 occidens(태양이 저무는 곳)가 어원인 지역명입니다.

헤시오도스와 거의 같은 시대의 호메로스 작품이라 여겨지는 『호메로스 찬가』는 신들을 찬미한 시집입니다. 그 제3가 「아폴론 찬가」(250~253)에서는 그리스권을 펠로폰네소스 반도, 유럽, 에게해 섬들(sea-girted islands)로 나누고 있습니다. 그리고, 유럽을 펠로폰네소스 반도 북쪽의 그리스 지역을 뜻하는 말로 쓰고 있습니다. 이것이 최초로 '유럽'이 지리적인 의미에서 쓰인 것입니다.

펠로폰네소스 반도 북쪽은 제우스의 신탁소(神託所)가 있는 그리스 중서부의 도도나와 중동부의 테살리아를 포함한 지역입니다.

그곳은 헬라스라 불린 지역이기도 했습니다. 차츰 그리스 중심세력이 발칸반도 남단으로 이동함에 따라 헬라스와 유럽은 분리되고, 유럽은 그리스의 북쪽에서 서쪽으로 펼쳐진 지역 전체를 뜻하게 됩니다. 그에 비해, 아나톨리아(소아시아)나 나일강 동쪽에서 메소포타미아에 걸쳐 펼쳐진 지역이 아시아였습니다.

아나톨리아 아시아 대륙의 서쪽 끝, 흑해 · 마르마라해 · 에게해 · 지중해 등에 둘러싸인 반도를 말한다. 소(小)아시아라고도 한다. 현재 터키 영토 가운데 97%를 차지하고 있다. 아나톨리아 반도는 동서양의 접점이라는 지리적인 위치 때문에 예전부터 민족이동의 통로이자 식민활동의 무대였으며, 기원전부터 많은 문명이 꽃피었다. 기원전에는 히타이트, 프리지아 등의 왕국의 무대였으며, BC 546년에는 페르시아 제국의 침입으로 반도의 대부분이 페르시아의 지배 아래로 들어갔다. BC 334년에는 알렉산드로스 대왕의 침입으로 헬레니즘 세계에 편입되었으며, 알렉산드로가 죽은 뒤에 후계자인 셀레우코스 왕국에 속했다. BC 133년에는 로마의 동방주가 되었고, 동로마제국, 비잔틴제국의 영토로써 고전 그리스도교 지역을 구성하였다. 1071년에 이슬람을 믿는 셀주크 투르크 제국의 영토 확장으로, 그리스 로마 세계에서 터키 이슬람 세계로 바뀌게 된다. 몽고의 세력확장으로 셀주크 투르크가 패망한 다음, 1300년대 말에 오스만 투르크의 세력 아래로 들어갔으며 제1차 세계대전 이후로는 터키의 주요 영토가 되었다. 아나톨리아 반도는 고대 그리스 문명이 꽃피었던 배경이며, 호메로스의 『일리아스』에 등장하는 도시국가 트로이도 아나톨리아 반도에 있다. 또한, 비잔틴 문명을 꽃피운 동로마제국의 근거지이며, 기독교문명의 발전이 이루어진 곳(바울의 전도여행이 이루어진 곳이며, 초대 그리스도교 7대 교회의 대부분이 아나톨리아에 있다)이기도 하다. 이런 복잡한 세계사적 배경 때문에 그리스는 아나톨리아를 이슬람에 빼앗긴 고대의 영토로 여기는 반면, 오스만 투르크 제국의 향수를 가진 터키에서는 오히려 그리스와 발칸반도 일대를 잃어버린 오스만 투르크 제국의 영토로 여기고 있다.

신화시대부터 아프리카 북부는 리비아(Libya)라고 불렸는데, 원래는 아시아의 일부였습니다. 아시아와 유럽을 나누는 경계는 돈강이라고 여겨졌고, 아시아와 리비아를 나누는 경계는 나일강이었습니다. 헤로도토스(BC 484?~420?)의 『역사』에 따르면 트로이나 페르시아는 아시아로, 그리스 북쪽에 펼쳐진 스키티아(스키타이)는 유럽으로 포함되어 있습니다.

호메로스는 유럽을 의인화한 에우로페에 관한 재미있는 신화를 남기고 있습니다. 그것에 따르면 에우로페는 페니키아의 왕 포이에쿠스의 아름다운 딸입니다. 어느 날, 에우로페가 친구들과 들판에서 놀고 있었습니다. 그때 그녀의 모습에 제우스의 눈길이 멎고, 그녀의 매력에 이기지 못해 눈처럼 하얀 털과 보석 같은 뿔을 가진 멋진 암소로 변신해서 그녀에게 접근했습니다. 에우로페가 마음을 놓고 그 소의 등에 올라탄 순간, 그녀를 빼앗아 크레타섬으로 갑니다.

암소와 에우로페.

거기에서 에우로페는 미노스(Minos)를 시작으로 제우스의 아들을 셋 낳고, 미노스가 크레타섬의 왕이 되어 위대한 미노아 문명이 번 창하게 되지요. 이 이야기는 동방의 '밤의 여신'이 서방 문명을 낳 은 어버이가 되었다는 신화로 생각할 수 있습니다.

그 미노아 문명이 뮤케나이(미케네)에 영향을 미쳐 그리스에 문 명의 꽃을 피우게 됩니다. 뮤케나이는 펠로폰네소스 반도 북동부에 있었던 왕국으로, 『일리아스』에서는 트로이 공격의 총사령관인 아 가멤논의 고향입니다.

서쪽의 끝 아틀라스 산맥과 동쪽의 끝 코카서스 산맥

아프리카 대륙 서북부의 아틀라스(Atlas) 산맥은 그리스 신화의 티탄 신족 아틀라스에서 말미암은 지명입니다. 이 이름은 그리스어 tlenai(나르다, 견디다)에서 파생했고, 원래 뜻은 '나르는 이, 참는 이'입니다. 같은 어원의 말로 영어의 tolerate(견디다, 관대하게 다루 다)가 있습니다.

신화에 따르면 아틀라스는 올림포스의 신들에게 대적했던 티탄 신족의 한 명이었기 때문에, 제우스로부터 서쪽의 끝에서 영원히 창궁(푸른 하늘)을 떠받치는 벌을 받습니다. 창궁 즉, 하늘은 딱딱 한 청동 원반이고, 별은 그 원반에 난 구멍에서 새어나오는 빛이라 고 여겨지고 있었습니다.

Atlantic(대서양)은 Atlas에서 파생한 지명으로, '아틀라스의 대 양'이 원래 뜻입니다. 플라톤의 대화편에서 언급되어 오늘날에 전

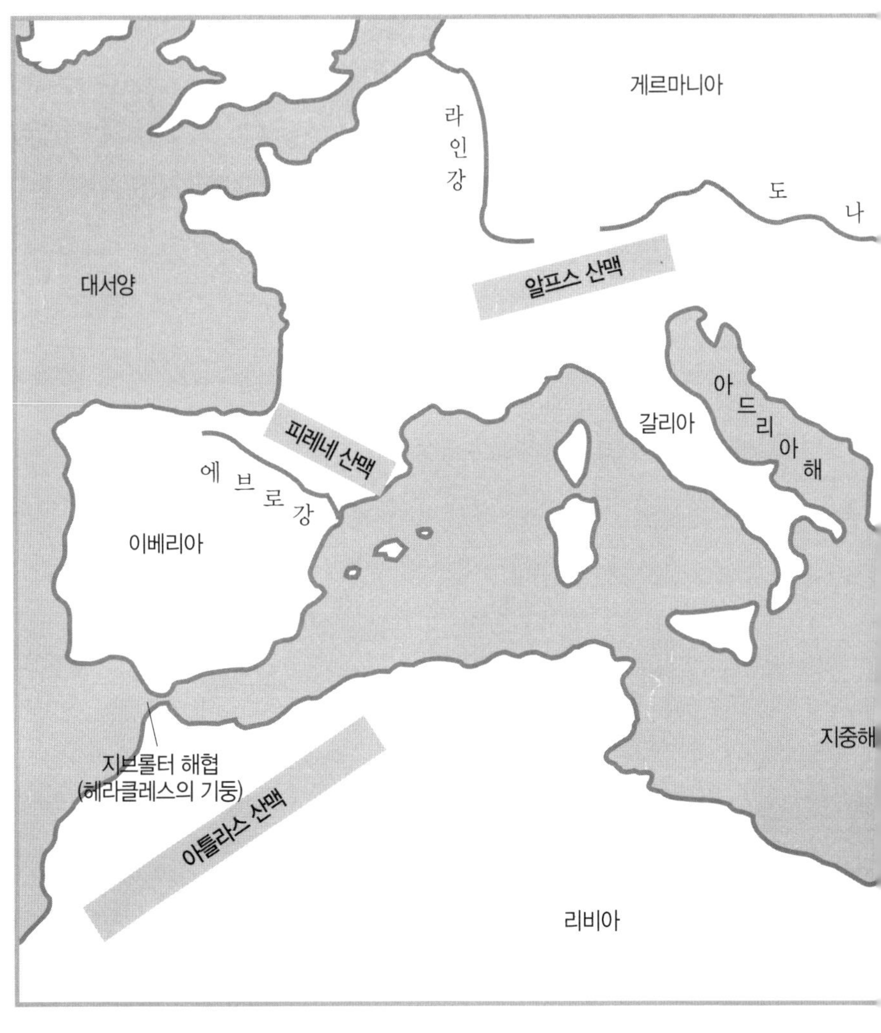

동쪽의 끝 아틀라스 산맥과

스키티아
돈 강
볼 가 강
우 강
흑해
카 스 피 해
마르마라해
코카서스 산맥
보스포루스 해협
에게해
아나톨리아
다르다넬스 해협
티 그 리 스 강
유 프 라 테 스 강
아라비아

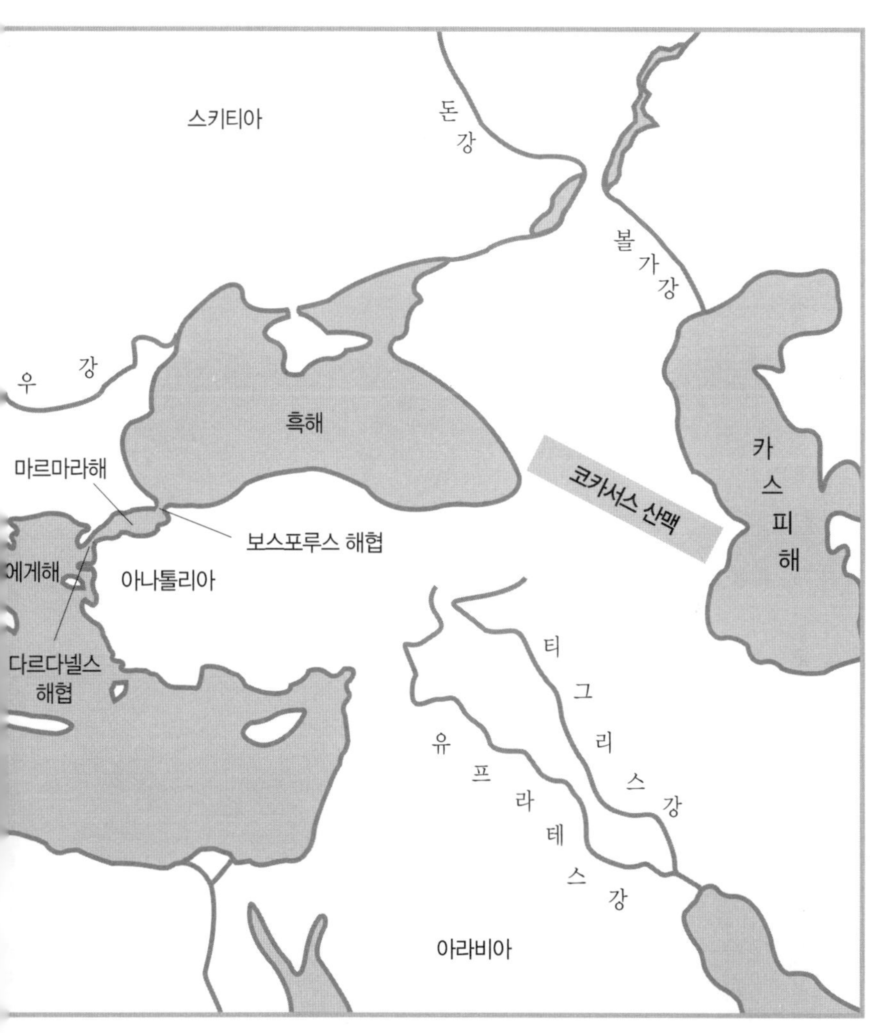

…서쪽의 끝 코카서스 산맥.

하는 아틀란티스(Atlantis)는 아틀라스 산맥의 서쪽 너머에 가라앉았다는 전설의 섬입니다. 그것은 리비아와 아시아를 합친 것보다도 크며, 그 섬의 왕은 나일강 서쪽의 아프리카 북부는 물론, 이탈리아의 서북부까지 지배하고 지중해 전역을 지배 아래에 두려 했을 정도로 강력했습니다. 그러나, 대지진과 대홍수에 의해 바닷속으로 가라앉고 맙니다(『티마이오스』 25A~D).

대지를 덮은 원반을 떠받치는 견디기 힘든 중압을, 아틀라스는 딱 한 번 벗어난 적이 있습니다. 헤스페리데스가 지키고 있는 사과를 헤라클레스가 찾으러 왔을 때의 일입니다. 헤라클레스는 아틀라스에게 그 사과를 찾아와 준다면 그 동안에 자기가 대신 창궁을 떠받치겠다고 청합니다. 아틀라스는 기꺼이 그 청을 받아들였습니다. 그리고, 헤라클레스가 아틀라스를 대신해 하늘을 떠받치는 데 발판으로 삼았던 바위가, 이른바 '헤라클레스의 기둥' 입니다. 헤라클레스의 기둥은 지브롤터 해협의 남과 북에 있는 바위산을 말하는데, 남북의 바위산은 22킬로미터 정도밖에 떨어져 있지 않습니다.

지구를 받치고 있는 아틀라스.

아틀라스가 창궁을 떠받치는 모습은 헬레니즘 시대가 되면 구체(球體)로 여겨지게 된 지구를 받치는 모습이 되었습니다. 그래서, 메르카토르 도법의 완성자 메르카토르(1512~1594)가 죽은 뒤에 아들이 아버지가 완성한 지도를 '아틀라스'라고 이름붙인 것입니다.

서쪽의 끝이 아틀라스 산맥이라면, 동쪽의 끝은 코카서스 산맥이었습니다. 코카서스 산맥은 흑해와 카스피해 사이의 표고 5천 미터가 넘는 봉우리를 가진 산맥입니다. 카스피해는 헤로도토스 이전에는 오케아노스에 생겨난 커다란 만(灣)이라고 여겨지고 있었습니다. 코카서스 산맥은 거의 땅끝에 있다는 말이 됩니다.

코카서스 산맥은 제우스의 명령을 어기고 인간에게 불을 가져다준 프로메테우스가 바위산에 결박당한 채, 매일 커다란 매에게 간

포박당한 프로메테우스 고대 그리스의 비극 시인 아이스킬로스의 비극. 「불을 가지고 온 프로메테우스」, 「해방된 프로메테우스」와 함께 3부작을 이룬다. 상연 연대는 미상이다. 프로메테우스는 그리스 신화에 나오는 티탄족(族) 이아페토스의 아들이며, 제우스의 눈을 피해 인간에게 불을 가져다준 신. 벌로써 세상의 끝인 코카서스산의 바위에 사슬로 묶여 매일 매에게 간을 쪼아먹히는 신세가 된다. 「포박당한 프로메테우스」는 성난 제우스의 명령으로 대장장이신 헤파이스토스의 청동사슬로 바위산에 결박되는 데에서 시작된다. 이어서, 대양신 오케아노스의 딸들의 합창대가 날개달린 수레를 타고 와서 그를 위로하고, 오케아노스는 제우스를 설복시키러 가려 하나 프로메테우스는 만류한다. 다음에는 제우스의 유혹에 넘어갔다가 암소로 변한 이오가 찾아와 자신의 이야기를 들려주고, 프로메테우스는 그녀의 장래를 예언한다. 그러나, 프로메테우스는 제우스의 미래를 알려주기를 거부해 오케아노스의 딸들과 함께 지옥 밑바닥인 타르탈로스로 떨어진다.

을 쪼아먹히는 형벌을 받은 곳입니다. 프로메테우스는 티탄 신족의 한 명으로 불사의 신이므로, 그 견디기 힘든 고통은 영원히 계속됩니다. 앞서 말한 「포박당한 프로메테우스」에서는 스키타이의 황야 맨끝에 코카서스가 있다고 되어 있습니다. 또한, 오케아노스가 제우스를 거스르지 말라고 프로메테우스를 설득하러 가거나, 오케아노스의 딸들이 합창대가 되어 그를 위로하는 장면이 있습니다. 그것은 오케아노스가 프로메테우스와 같은 티탄 신족이라는 것뿐 아니라, 코카서스가 오케아노스의 아주 가까이에 있다는 생각에 바탕을 둔 것입니다. 코카서스(Caucasus)의 원래 뜻은 '얼음으로 빛나는 산' 입니다.

그리스인의 탄생과 나라이름

그리스 사람들은 자신들의 나라를 정식으로는 엘라스(Ellas)라

헤시오도스   호메로스와 쌍벽을 이루는 고대 그리스의 서사시인. 살았던 연대는 미상이나 8세기 무렵으로 추정된다. 호메로스로 대표되는 오락적이고 화려한 이오니아파와 대조를 이루는, 소박하고 교훈적이며 실용적인 보이오티아파 서사시를 대표한다. 완전한 형태로 전하는 작품은 『신통기』와 『노동과 나날』, 단 2편뿐이다. 『신통기』는 천지창조와 신들의 탄생에 대해 노래한 것이며, 『노동과 나날』은 전원생활과 노동의 신성함에 대해 쓴 작품이다. 특히 『노동과 나날』은 게으름뱅이인 동생 페르세스가 부정한 방법으로 자신의 유산상속분을 가로채려 하자 동생을 훈계할 목적으로 쓴 것이라고 전한다. 판도라와 프로메테우스 이야기와 함께 금, 은, 동, 영웅, 그리고 철의 시대라는 인류의 다섯 시대에 관한 이야기가 실려 있다.

부릅니다. 고대 그리스어로는 헬라스(Hellas)였습니다. 현대 통속 그리스어로는 엘라다(Ellada)입니다. 또한, 그리스 사람들은 근대 그리스어와 고대 그리스어의 차이를 별로 의식하지 않아, 자국의 정식 명을 헬라스라고 하기도 합니다.

고대 그리스인은 자신들을 헬레네스(Hellenes : 헬렌의 사람들)라 불렀습니다. 그리스에는 헤시오도스의 『노동과 나날』에서 보이듯이, 인류는 탄생 이래 황금 종족의 시대, 은의 종족의 시대, 동의 종족의 시대, 철의 종족의 시대로 타락해갔다는 전승설화가 있었습니다. 설화에 따르면, 그 타락에 분노한 제우스는 전인류를 멸망시키겠다고 결심합니다. 그때 프로메테우스가 아들 데우칼리온에게 방주를 만들라고 충고합니다.

홍수가 일어나 전인류가 멸망했지만, 데우칼리온과 아내 피라는 살아남아 아홉 낮 아홉 밤을 물 위를 떠돈 뒤에 겨우 육지에 도착했습니다. 거기서 두 사람이 제우스의 계시에 따라 '어머니(대지)의 뼈'라고 여겨지는 돌을 어깨 너머 뒤로 던지자 두 사람이 던진 돌에서 남녀가 태어나고, 그 남녀에서 헬렌 등 그리스인의 조상이 태어납니다.

영어 Greece(그리스)는 로마인이 썼던 Graecia(그라이키아)에서 유래합니다. 기원전 730년 무렵 나폴리만 북쪽 변두리에 아테네 북동쪽의 에우보이아섬에서 쿠미(Kume)의 주민이 들어와서 이탈리아 반도에서는 첫 그리스 식민지인 쿠마이(Cumae)를 건설했습니다. 이후, 많은 그리스인이 쿠마이로 들어갔으며, 그들은 주변민족과 싸우던 요람기의 라틴민족과 우호적인 관계를 맺었습니다. 그 중에 모시(母市) 쿠미 건너편인 그라이아(Graia)에서 온 그리스인이 있었는데, 한 가지 설에 따르면 라틴 민족이 자신들과 가장 가까운 그리스인이었던 그들을 그라이키(Graeci), 그들의 본국을 그라이키아(Graecia)라고 불렀다고 합니다.

이윽고 로마인은 그라이키아를 그리스 땅 전체를 가리키는 말로 쓰게 되고, 그리스인의 식민지가 많은 남이탈리아를 마그나 그라이키아(Magna Graecia : 대大 그라이키아)라고 총칭했습니다.

테세우스의 아버지가 몸을 던진 에게해

에게해는 민주적 아테네를 건설한 영웅 테세우스의 아버지인 아이게우스(Aegeus)에서 비롯된 지명입니다. 크레타의 미노스왕은 왕비가 불륜을 저질러 낳은 소의 머리에 인간의 몸뚱이를 가진 괴물 미노타우로스를 미궁 라비린토스에 가두었습니다. 그리고 그 괴물의 먹이로, 해마다 젊은 남녀 일곱씩을 바치라고 복속국인 아테네의 왕 아이게우스에게 요구했습니다. 테세우스는 그 젊은이들 가운데 한 명으로 섞여들어가서, 미노스왕의 딸 아리아드네의 도움을 얻어 미노타우로스를 퇴치하지요.

테세우스는 미노타우로스를 퇴치하고 크레타섬에서 돌아올 때에 흰 돛을 달라는 지시를 아버지로부터 받았습니다. 그러나, 테세우스와 일행은 그 지시를 잊어버리고 검은 돛을 달고 돌아옵니다. 그것은 아들의 죽음을 의미한다고 오해한 아이게우스는 바다에 몸

미노타우로스를 퇴치하는 테세우스.

을 던져 죽습니다. 그 바다가 에게해라 여겨지며, 이 신화를 고사로 해서 '아이게우스의 바다'라 불리게 되었습니다.

테세우스의 승리 신화에 기초해서 고전시대의 아테네는 에게해에 떠 있는 델로스섬에 해마다 사절을 보냈고, 감사의 뜻을 담아 아폴론 신전에 공물을 바치고 있었습니다. 플라톤의 대화편 「크리톤」을 보면, 델로스섬행 배가 아테네에 귀항한 다음 날 소크라테스의 사형이 집행되기로 되어 있습니다. 배는 이른 아침에 벌써 아테네 남서쪽 40여 킬로미터 정도인 스니온곶까지 돌아와 있으며, 오늘 안에는 아테네에 닿습니다. 그러면 내일은 사형이 집행되는 것이지요. 크리톤은 지금이 최후의 기회라 생각해 망명을 권유하러 소크라테스의 옥사로 부랴부랴 달려갑니다.

비극의 주인공들이 태어난 반도 펠로폰네소스

펠로폰네소스는 스파르타가 있었던 반도입니다. 반도 중앙부의 아르카디아 산지를 넘으면 2천 미터 가까운 봉우리가 있는 산맥에

43

끼인 계곡을 에우로타스강이 남쪽으로 흐르고 있습니다. 스파르타는 그 강의 중류 오른쪽 기슭에 있었습니다. 오늘날 스파르타 유적은 거의 남아 있지 않습니다. 강의 양쪽 옆으로는 오렌지밭이 펼쳐지고, 경사지에는 올리브밭이 있습니다. 그 광경에서 아테네가 상업국제도시였던 데에 비해, 스파르타는 농업이 바탕이었음을 알 수 있습니다.

스파르타는 예전에는 뮤케나이 왕가가 지배했던 곳으로, 호메로스에 따르면 절세의 미녀 헬레네와 메넬라우스의 궁성이 있었습니다. 트로이 왕자 파리스는 손님으로 스파르타를 방문했다가 헬렌과

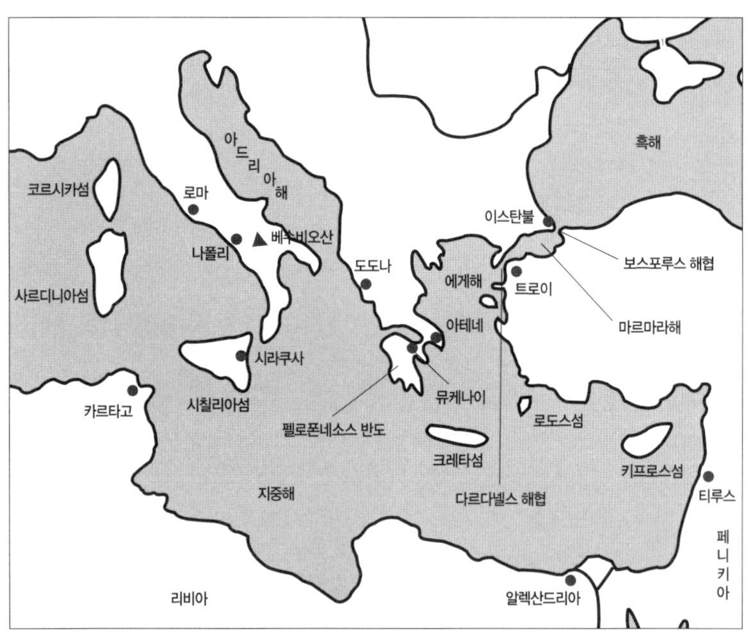

펠로폰네소스 반도와 에게해 주변.

사랑에 빠져 그녀를 빼앗아 귀국합니다. 많은 영웅들이 활약하고 죽어갔던 트로이 전쟁은 헬렌 탈환을 위한 싸움이었지요.

펠로폰네소스(Peloponnesos) 반도의 지명의 뜻은 '펠롭스(Pelops)의 섬' 입니다. 예전에는 Pelopos nesos로 표기되고 있었습니다. 펠롭스는 신들에게 사랑받았던 부유한 왕 탄탈로스의 아들입니다. 탄탈로스는 오만불손하여, 신들이 전능한지 어떤지를 시험해 보려고 아들 펠롭스를 죽여서 그 고기를 요리해 신들의 식탁에 바쳤습니다. 신들은 그것을 곧 꿰뚫어보았지만, 딸 페르세포네를 저승의 신 하데스에게 빼앗겨 비탄에 잠겨 있던 데메테르만은 알아차리지 못하고 먹고 맙니다.

신들을 시험한 형벌로써 탄탈로스는 대지의 맨 밑바닥인 타르탈로스로 떨어집니다. 그리고 목까지 물 속에 잠기지만, 그 물을 마시려고 하면 물은 아래로 내려가고, 가지가 휘어지게 열린 머리 위의 과일을 먹으려 하면 손이 닿지 않는 곳까지 올라가 버리지요. 이렇

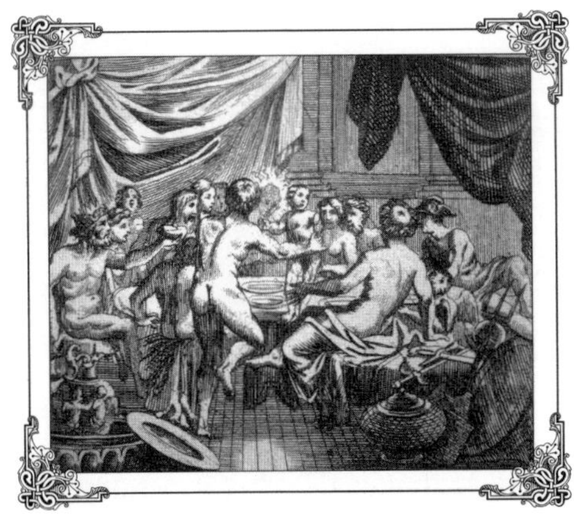

펠롭스의 재생.

게 해서, 탄탈로스는 영원한 굶주림과 목마름에 고통스러워하게 되었습니다. 이것이 탠털라이즈(tantalize : 애태우게 하여 괴롭히다)의 유래입니다.

펠롭스에 관해서는 다양한 전설이 있습니다. 그 가운데 하나는, 신들이 펠롭스를 되살렸고, 그에게서 트로이 공격의 총사령관인 아가멤논의 아버지 아트레우스가 태어났다는 것입니다. 이 펠롭스의 가계는 저주받은 피범벅의 가계였습니다. 아가멤논은 트로이 공격의 승리를 빌며 큰딸 이피게네이아를 희생으로 바칩니다. 그리고, 전쟁에서 이기고 돌아온 날 밤에 목욕을 하다가, 자신의 자식이 살해당한 것을 원망하며 부정(不貞)으로 치달았던 아내 클리템네스트라에게 살해되고 맙니다. 클리템네스트라도 자신의 자식인 오레스테스와 엘렉트라의 손에 살해되지요.

이들의 비극은 아이스킬로스의 『아가멤논』이나 소포클레스의 『엘렉트라』, 에우리피데스의 『아울리스의 이피게네이아』, 『엘렉트라』, 『오레스테스』 등에 의해 잘 알려져 있습니다.

보스포루스 해협과 다르다넬스 해협

제우스는 모든 신들의 아버지이자 인간의 아버지이며, 수많은 여신과 님프, 인간과 사랑을 하고 교접해 무수한 자손을 남깁니다. 제우스의 사랑을 헤라는 격렬하게 질투하며, 그것을 소재로 다채로운 이야기가 태어났습니다. 한 가지 예가 제우스와 이오의 사랑입니다. 마르마라해에서 흑해로 통하는 해협을 보스포루스(Bosporus)

해협이라고 합니다. 이것은 제우스에게 사랑받았던 아름다운 여성 이오에서 비롯된 지명입니다.

이오는 헤라의 신관이었습니다. 그녀는 제우스에게 사랑받아 몸을 맡기지만 제우스는 헤라의 질투가 무서워 그녀를 암소의 모습으로 바꾸었습니다. 그러나, 헤라는 그 암소가 이오임을 꿰뚫어보고는 붙잡아서 눈이 백 개 달린 괴물 아르고스에게 감시하게 합니다. 그리고, 제우스가 아르고스를 퇴치하자 이번에는 쇠파리를 보내 이오를 악착같이 괴롭히게 합니다.

이오는 해협을 건너 유럽에서 아시아로 넘어가고, 코카서스에서 바위에 묶여 있는 프로메테우스를 만납니다. 그리고 그로부터 행운의 예언을 얻고 이집트로 달아나서는 거기에서 사람의 모습을 되찾습니다. 이오가 건넜던 해협이 유럽과 아시아를 나누는 보스포루스 해협이라 여겨집니다. 이오는 이집트에서는 풍요의 여신이자 현모

루벤스가 그린 「헤르메스와 아르고스」.

양처의 전형이라 여겨지는 이시스 여신과 동일시되었습니다.

Bosporus의 Bos-는 '소'를 뜻하고, -porus는 '건너는 곳'을 뜻하는 그리스어가 어원입니다. 이 말은 '그리스도를 운반하는 이'나 '그리스도를 건너주는 이'가 원래 뜻인 사람 이름 크리스토포루스(Christophorus)의 제2명 요소 -phorus와 같습니다.

마르마라해와 에게해를 잇는 다르다넬스(Dardanelles) 해협은 제우스와 아틀라스의 딸 엘렉트라와의 사이에 태어난 다르다노스(Dardanus)에서 비롯된 이름입니다. 다르다노스는 트로이의 건설자로 여겨지며 트로이(Troy)는 그의 아들 트로스(Tros)에서 비롯된 이름입니다. 고대도시 트로이는 다르다넬스 해협의 남쪽 어귀에 있었습니다.

2.
지중해에 있는 페니키아와 그리스 발자취

호메로스와 구약성서가 전하는 페니키아

페니키아인이란 오늘날의 이스라엘과 시리아에 끼인 해안지역 레바논에 살고 있던 민족을 말합니다. 그들의 주요 도시로 비블로스(Byblos), 티루스(Tyrus), 시돈(Sidon) 등이 있었습니다.

그들 마을의 주민은 주로 서(西)셈족인 가나안인이었습니다. 그들은 그리스인이 해외에 식민지를 건설하게 되었던 기원전 8세기보다 훨씬 이전부터 지중해를 돌아다니며 상업활동을 벌이고, 여기저기에 활동 거점을 건설하고 있었습니다. 최대의 거점이 카르타고인데, 카르타고는 그리스가 쇠약해진 뒤로도 로마인과 패권을 다툽니다. 제3차 포에니 전쟁(BC 149~146)은 그 패권싸움이 로마의 승리로 끝난 사건이었습니다.

비블로스, 티루스, 시돈 등을 중심으로 한 지역을 페니키아(Phoenicia)라고 부른 것은 그리스인입니다. 『오디세이아』에는 포이

49

니케(Phoinike)라고 나와 있습니다. 이 이름은 그리스어 phoinix(보라)에서 파생했다고 여겨지며, 뜻은 '보랏빛 토지'입니다. 페니키아인은 보라조개라고 불리는 나선형 조개에서 선명한 보랏빛 염료를 뽑아내어 수출했습니다. 그 염료는 황금만큼의 가치가 있었지요.

또한 페니키아는 대추야자나 불사조를 뜻하는 피닉스(phoenix)와 관련지어지게 되었습니다. 불사조 피닉스는 헤로도토스가 『역사』(Ⅱ·73)에서 소개한 뒤로 그리스인 사이에서 전설적으로 알려지게 되었습니다. 그에 따르면 피닉스는 이집트에 나타나는 상서로운 새입니다. 크기도 모습도 매와 비슷하고, 깃털에는 황금빛 부분과 붉은 부분이 있습니다. 서식지는 아라비아입니다.

플리니우스는 『박물지』(X·2)에서 피닉스를 '크기는 매 정도이고, 머리 주위는 황금빛으로 빛나며, 다른 곳은 전부 보랏빛이지만 꼬리는 푸르고 장밋빛 털이 점점이 섞여 있다'고 쓰고 있습니다. 플리니우스 자신은 가공의 이야기라고 생각한다고 양해를 구하고 있지만, 이 글을 통해 고대 그리스에는 피닉스에 관해 다음과 같은 전설이 있었다고 생각할 수 있습니다. 즉, 피닉스는 페니키아를 고향으로 하며 향나무 수액을 마시면서 5백년 동안 장수를 누리는, 세상에 한 마리 밖에 없는 새입니다. 죽을 때가 가까워지면 태양의 도시 헬리오폴리스(Heliopolis)로 가서 피닉스(대추야자) 나무에 둥지를 틀고는, 향목을 겹쳐 쌓아올리고 스스로를 불사르고, 요염한 목소리로 노래를 부르면서 죽습니다. 이 잿더미 속에서 다음 대의 피닉스가 다시 태어나는 것입니다.

　　승리의 상징 대추야자, 고귀한 보라색, 그리고 불사조 피닉스와 연관지어진 페니키아는 그리스인에게는 선진의 땅이었으며, 호메로스가 살았던 시대에는 동경의 땅이었습니다. 『오디세이아』에서 헬렌의 남편이자 스파르타의 왕인 메넬라우스는 트로이에서 돌아오는 길에 이집트, 키프로스, 페니키아 등을 거쳐서 돌아오는데, 그러는

로마와 카르타고의 200여년, 3차에 걸친 대전쟁. 고대의 세계대전으로도 불린다. 제1차 포에니 전쟁(BC 264~BC 241)은 시칠리아를 주무대로 한 싸움이며, 로마의 승리로 끝났다. 로마는 거액의 배상금을 챙기고, 시칠리아를 속주(프로빈키아)로 삼았다. 사르디니아, 코르시카도 로마의 제2의 속주가 되었다. 제2차 포에니 전쟁(BC 218~BC 201)은 카르타고의 명장 한니발이 활약하여 '한니발 전쟁'이라고도 부른다. 한니발은 아버지가 공을 들이던 이베리아 반도 경영을 이어받아 세력을 기른 뒤, 로마의 동맹시인 사군툼을 공격, 다시 전쟁을 일으켰다. 알프스를 넘어 이탈리아에 침입한 한니발은 이탈리아 반도 각지에서 로마군을 격파하며 승승장구했다. 한편으로 동방 마케도니아와 시라쿠사 등과 동맹을 맺었으나, 로마는 게릴라 전법으로 동맹에 방해작전을 펴며 시간을 끌었다. 차츰 세력을 회복한 로마군은 BC 206년에 카르타고군의 거점인 이베리아 반도를 완전히 평정한 대(大) 스키피오(아프리카누스)의 인솔 아래 북아프리카로 건너가 자마전투에서 한니발군을 격파함으로써 2차전도 로마의 승리로 끝났다. 카르타고는 해외의 영토를 모두 잃고 거액의 배상금을 지불해야 했다. 제3차 포에니 전쟁(BC 149~BC 146)은 카르타고와 이웃나라 누미디아의 전투에 로마군이 끼여들어 시작된다. BC 149년에 소(小) 스키피오가 이끄는 로마군은 카르타고를 포위하고 철저히 파괴함으로써 3차에 걸친 전쟁에 종지부를 찍었다. 이로써 화려한 번영을 누리던 카르타고는 역사의 무대에서 영원히 사라졌으며 카르타고의 옛 땅은 아프리카라는 이름의 로마 속주가 되었다. 세 번에 걸친 포에니 전쟁에서의 승리로 로마는 일개 도시국가에서 지중해를 기반으로 한 세계적인 대제국으로 도약하는 전환점을 마련했다.

동안에 수많은 금은보화를 모았습니다. 오디세우스의 아들 텔레마코스가 방문한 스파르타의 궁전은 그 보물들로 치장되어 있어 올림포스의 제우스의 궁전 같은 품격이 느껴질 정도였습니다(『오디세이아』 IV · 79~88).

페니키아에 관해서는 구약성서에도 몇 번이나 언급되고 있습니다. 잘 알려져 있는 것이 다윗이나 솔로몬과 같은 시대의 티루스왕 히람(재위 BC 969?~936?)입니다. 그의 지배 아래에서 페니키아는 지중해 전역에서 무역과 식민지 활동을 하고 있었습니다. '두로왕 히람이 다윗에게 사자들과 백향목과 목수와 석수를 보내매 저희가 다윗을 위하여 집을 지으니' (『사무엘서』 하 5장 11절)라든지, 솔로몬 궁전의 건설을 맡았을 때도 백향목이나 기술자를 제공했다고 구약성서에 나와 있습니다.

그러나, 바알 등 가나안의 풍요신들을 믿었던 페니키아인과 계약의 유일신 야훼를 믿는 히브리인은 자주 격렬하게 대립했습니다. 그런 예가 『열왕기』에 적혀 있는 전투적인 예언자 엘리야의 모습입니다.

페니키아의 **풍요신 바알**.

당시 이스라엘왕 아합(재위 BC 870?~850?)은 페니키아에서 맞이한 아내 에제벨을 위해서 옛 종교를 버리고 바알을 믿으라고 압력을 넣었습니다. 이에 맞서 엘리야는 모세의 신이자 이스라엘인의 전통 신 야훼야말로 유일하고 절대적인 신이라고 설교합니다. 아합 (Ahab)은 영어로는 에이허브라고 발음되는데, 이 이름은 허먼 멜빌의 소설 『모비딕』에서 오만하고 복수심에 사로잡힌 선장의 이름이기도 합니다.

페니키아 발상의 땅

페니키아의 도시 비블로스(Byblos)는 바이블(Bible)에 이름을 남기고 있습니다. 기원전 1500년 이전부터 페니키아의 첫째가는 도시로 이집트와의 무역으로 번창했는데, 백향목이나 보랏빛 염료는 물론, 금, 은, 동, 주석 등을 취급했습니다.

또한 비블로스는 기원전 1000년 무렵이 되면 이집트산 파피루스도 취급하고, 이를 그리스인에게 팔았습니다. 그리고, 파피루스를 그리스어로 비블로스(byblos)라고 했던 사실에서, 파피루스를 취급한 이 곳을 비블로스라 부르게 되었던 것입니다. 또한, 파피루스로 만든 책을 비블리온(biblion)이라 부르게 되었습니다. Bible은 복수형인 biblia가 어원입니다.

비블로스는 페니키아인이 믿었던 풍요의 신 바알(Baal)이 쌓아 올린 마을이라 믿어지고 있었습니다. 이 도시는 또한 풍요의 여신 바알라트(Baalat) 신앙의 중심이었습니다. 바알과 바알라트는 영어의 Lord와 Lady에 해당하는 말이기도 하며, 페니키아인은 에슈문과 아슈타르테라고도 부르고 있었습니다. 이 남녀 한 쌍의 신은 이집트의 오시리스와 이시스, 바빌로니아의 두무지와 이슈타르, 그리스의 아도니스와 아프로디테에 해당하는 것이었습니다.

티루스는 오늘날에는 작은 항구마을로 영어로는 타이어(Tyre), 아랍어로는 수르(Sur)입니다. 이 지명은 '바위'를 뜻하는 페니키아어에서 유래하는데, 티루스는 해안에서 몇백 미터 앞바다의 얕은 바다에 떠 있는 바위섬에 지어진 무역항이었습니다. 기원전 332년에 알렉산드로스 대왕이 티루스를 정복했을 때 이 섬에 건너올 수 있는 길을 만들었는데, 그 뒤로 길이 넓혀졌고, 지금은 육지와 이어져 있습니다.

시돈(Sidon)은 현재는 사이다(Saida)라고 불리는 항만도시로 유럽에의 원유적출항으로 알려져 있습니다. 또한, 따뜻한 이 지방에서 재배된 감귤류나 바나나의 집적지로 현재도 번창하고 있는 도시입니다.

시돈은 자매도시 티루스와 자주 패권을 다투면서 염색공예품이나 유리 등을 취급하는 지중해 무역으로 번영했습니다. 구약성서에는 신이 늙은 여호수아에게 이스라엘이 앞으로 정복해야 할 지역 가운데 하나로 계시하고, 그 일을 수행하려 할 때에는 아낌없는 조력을 약속하는 등, 이스라엘과 대립관계인 도시로 이야기되고 있지요(『여호수아서』 13장 6절).

페니키아인의 기항지

지중해 문명은 페니키아인의 등장으로 새벽을 맞이했다고 할 수 있습니다. 키프로스섬, 크레타섬, 시칠리아섬, 사르디니아섬, 코르시카섬 등에서는 페니키아인의 발자취를 신화나 지명에서 풍부하게 볼 수 있습니다. 그들은 또한 지브롤터 해협을 넘어 대서양으로까지 나아갔습니다.

키프로스섬은 페니키아인이 가장 먼저 식민지를 개척한 곳으로, 기원전 3000년 무렵의 유적까지도 확인되고 있습니다. 키프로스(Cyprus)라는 지명은 그리스어 kypros(동 銅)에서 말미암은 것인데, 이 그리스어는 영어 copper(동)의 어원이기도 합니다. 페니키아인은 청동기의 출현과 더불어 역사에 등장했는데, 키프로스의 품질좋은 동은 페니키아인에게 특히 중요한 교역품이었습니다.

그리스 신화의 풍요의 여신 아프로디테는 키프로스 부근의 바다에서 태어난 것으로 되어 있습니다. 아프로디테가 비블로스를 중심으로 믿고 있던 여신 이슈타르와 무척 닮은 데에서는 페니키아인의 강한 영향이 보입니다.

크레타섬은 페니키아의 왕 포이니쿠스의 딸 에우로페가 하얀 소로 변신한 제우스에게 끌려갔던 곳입니다. 앞서 말했듯이, 크레타섬에서 발달한 미노아 문명의 미노아는 에우로페와 제우스의 아들 미노스에서 유래합니다. 미노아인이 어디에서 왔는지는 수수께끼로 여겨지고 있는데, 그리스인들은 페니키아인에서 유래하는 것으로 여긴 듯합니다.

시칠리아라는 이름은 투키디데스에 따르면, 그리스인이 식민지를 개척하러 들어가기 이전의 원주민인 시켈인(Sikels)에서 비롯됩니다. 그들은 제노바 근처에서 살던 켈트인이 아닐까 여겨지고 있습니다(『역사』 IV · 2). 시칠리아섬에 있는 유럽 최대의 활화산 에트나산(Mt.Etna)은 페니키아어 attuna가 어원이며, 뜻은 '화로(난로)'입니다. 그리스 신화에서는 대장장이신 헤파이스토스의 화로가 되어 있습니다.

호메로스는 『오디세이아』(XII · 81~125)에서 시칠리아와 이탈리아 사이에 있는 메시나 해협에는 두 개의 바위가 있는데, 그 중 하나에는 카리브디스라는 여자 괴물이 살며, 그 괴물은 하루에 세 번 배와 함께 물을 들이마시고 하루에 세 번 뱉어낸다는 이야기를 쓰고 있습니다. 그 무시무시함은 포세이돈조차도 다스릴 수 없을 정도였습니다. 이 괴물은 메시나 해협에 생기는 소용돌이를 의인화한 것입니다.

메시나 해협은 또한 바람이 센 곳으로 맑은 여름날에도 하얀 파도가 많이 일어나곤 합니다. 이 해협의 북서쪽에는 화산섬들로 이루어진 에올리에(Eolie) 제도가 있는데 이 이름은 그리스 신화의 바람의 신 아에올로스(Aeolos)에서 유래합니다. 고대 로마 최대의 시인 베르길리우스(BC 70~19)의 로마건국신화인 『아이네이스』에서, 시칠리아에서 출항해 이탈리아로 향하던 아이네이스 일행을 폭풍으로 난파시키는 것이 아에올로스입니다. 에트나산이 연기와 재를 내뿜는 방향은 페니키아인들에게도 그 까다로운 장소를 지나가는 데

쓸모있는 등대 역할을 했음에 틀림없습니다.

사르디니아(Sardinia)는 북아프리카에서 이베리아 반도를 거쳐 이주해왔던 사드인(Sards)에서 비롯된 지명이며, 페니키아인은 샤르다나(Shardana)라고 쓰고 있습니다. Sardinia는 이것이 라틴어화한 것이며, 이탈리아어로는 사르데냐(Sardegna)입니다. 기원전 9세기 말에 페니키아인이 카르타고를 건설한 뒤로 시칠리아, 사르디니아, 코르시카는 지중해 북쪽 연안 지방으로의 징검다리 역할을 다하게 되었습니다.

코르시카(Corsica)섬은 페니키아어 horsi(숲이 많은)가 어원인 지명으로 프랑스어로는 코르스(Corse)입니다. 옛날에는 표고 2천미터가 넘는 산기슭에 온통 삼림이 무성했으며, 페니키아인은 코르시카섬에서 자란 소나무로 배를 만들었습니다.

오늘날 지중해 지방은 어디를 찾아가보아도 석회암의 맨바위가 드러나 있고, 건축이나 조선에 쓸 수 있을 만한 커다란 나무는 별로 눈에 띄지 않습니다. 그러나, 17세기 무렵까지는 숲으로 덮여 있는 곳이 많았습니다. 스페인의 무적함대를 만들면서 시칠리아 소나무를 썼다는 말이 있습니다.

코르시카, 사르디니아, 시칠리아 등의 소나무는 알프스의 블랙파인(소나무의 일종으로 북부 유럽에서 많이 자라며 목재로 쓰이거나 바람막이용 나무로 많이 재배된다 — 옮긴이)처럼 곧고 높게 뻗으며 자라는 것이 아니라, 가지는 위쪽에서 눌린 듯이 옆으로 뻗어가고, 줄기는 짧으며, 비교적 굵은 소나무입니다.

페니키아 최대의 식민지 카르타고

카르타고는 티루스를 모시(母市)로 삼아 건설된 페니키아인의 식민지입니다. Carthago의 어원은 페니키아어 qart khadash(새로운 마을)입니다. 로마와 카르타고의 3차에 걸친 전투를 포에니(Poeni) 전쟁이라 하는데, Poeni는 그리스어 Phoinike가 라틴어의 형용사화한 것으로 페니키아를 가리킵니다.

카르타고의 건설은 전통적으로 기원전 814년으로 여겨지고 있습니다. 카르타고는 두 개의 커다란 라군(석호)에 끼인 화살촉 모양의 곶 끝머리에 지어졌습니다. 그 곶에는 둥그런 후미(바다의 일부가 육지 속으로 깊숙이 들어간 곳 ―옮긴이)와 직사각형처럼 된 후미가 있는데, 둥그런 후미 어귀에는 섬이 있었습니다. 항구 맨끝의 언덕은 비르사, 말하자면 아크로폴리스(도시[=폴리스]의 중심 언덕)로 쓰였습니다.

나중에 이 두 개의 후미는 인공수로로 연결되어 둥그런 후미는 군항으로, 직사각형 후미는 상업항으로 쓰입니다. 그리고, 아크로폴리스도 북동쪽에 인접한 50미터 정도의 언덕으로 옮겨지고, 언덕 아래에는 거주지와 아고라(도시의 중심광장)가 있었습니다. 라군(석호)에 끼인 후배지는 경작을 하기에도 좋았습니다.

베르길리우스의 『아이네이스』에서 카르타고는 페니키아의 티루스왕의 딸 디도가 건설한 것으로 되어 있는데, 역사적으로는 티루스의 왕녀 엘리사(Elissa)가 카르타고의 건설자이리라 여겨지고 있습니다. 엘리사는 티루스왕이 된 오빠 피그말리온에게 남편을 살해당하고, 서쪽으로 도망쳐서 카르타고로 옵니다. 엘리사의 왕고모(조부모의 자매)는 앞서 썼던 이스라엘왕 아합의 비가 되었던 에제벨입니다.

『아이네이스』를 보면, 트로이의 왕족 아이네아스가 떠돌다가 카르타고에 도착합니다. 그는 트로이가 함락될 때 간신히 달아나 '서쪽 트로이'를 건설하라는 계시를 유피테르(제우스)에게 받았습니다. 아이네아스가 닿았을 때의 카르타고를 베르길리우스는 대략 다음과 같이 묘사하고 있습니다.

> 그 땅은 깊숙한 후미에 있으며, 입구에 섬이 있고 내해는 조용해서 정박하는 데에 닻이 필요없을 정도였다. 주위는 바위산으로 둘러싸여 있지만 절벽처럼 되어 있는 비탈에는 울창하게 수목이 자라고, 절벽 위에는 견고한 요새가 있었다. 그리고, 평지에는 사슴이나 다른 동물이 한가롭게 거닐고 동굴에는 맑은 물이 솟아나고 있었다.(『아이네이스』 I · 159~172)

카르타고의 여왕 디도는 아이네아스로부터 트로이가 함락된 이야기며 떠돌아다닌 이야기를 듣는 동안 차츰 그를 애틋하게 여기게 되어 두 사람은 맺어집니다. 그러나, 제우스의 계시에 따라 출항하는 아이네아스를 향한 사랑으로 애태우다가 그를 증오하며 화장(火葬)하는 장작불에 뛰어들어 자살합니다. 그리고 디도의 증오가 마침내, 포에니 전쟁의 원인이 되어갑니다. 전쟁에서 카르타고는 철저히 파괴되고, 그 뒤에 로마의 식민지로 다시 태어나지요.

오늘날의 튀니지의 수도 튀니스(Tunis)는 카르타고의 남쪽 라군(석호)의 깊숙한 안쪽에 생겨난 도시로, 카르타고인이 숭배하던 여신 타니트(Tanith)에서 비롯된 지명입니다. 타니트는 원래는 리비아에서 믿던 풍요의 여신이었다고 하는데, 페니키아화되어 풍요의 여신이자 사자(死者)를 지키는 여신도 되었습니다. 이 여신은 그리스인에게는 풍요의 여신 아르테미스나 헤라를, 로마인에게는 유노나 비너스를 연상시키는 여신이었습니다.

그리스 로마 신화에 나오는 카르타고의 전설의 여왕. 페니키아의 티루스왕 벨로스의 딸로, 벨로스가 죽으며 오빠인 피그말리온과 디도에게 왕위를 물려주었으나, 피그말리온은 왕위를 독점하기 위해 디도의 남편을 죽인다. 디도는 남편의 막대한 재산을 배에 싣고 여동생과 도망쳐 리비아로 간다. 그 땅의 우두머리로부터 황소 한 마리의 가죽으로 덮을 수 있는 넓이의 땅을 얻기로 약속받고는, 소가죽을 가늘게 잘라 끈 모양으로 만들어서, 한껏 둘러쌀 수 있는 넓이의 땅을 얻어내어 이를 거점으로 성채를 쌓고 카르타고를 건설했다. 카르타고는 로마에 버금가는 대국으로 성장했으며 오랫동안 번영을 누렸다. 트로이가 함락된 뒤 이곳저곳 떠돌던 아이네아스와 사랑에 빠져 결혼하려 하지만 유피테르의 계시를 실행하기 위해 아이네아스는 다시 길을 떠나게 된다. 디도는 사랑하는 이를 붙들기 위해 "모든 것이 당신을 생각나게 할 것"이라며 매달리지만, 아이네아스는 "내가 생각나는 물건은 모조리 태워 버리라"며 차갑게 돌아선다. 몹시 상심한 디도는 장작을 쌓고 아이네아스의 칼로 몸을 찌른 뒤 장작불에 뛰어들어 자살하고 만다. 그때, 디도는 아이네아스에게 "카르타고와 아이네아스의 도시는 영원히 증오하리라"는 저주를 퍼부었다고 한다. 디도의 저주대로(?) 훗날 카르타고와 아이네아스가 세운 도시인 로마는 3차에 걸친 전쟁을 벌이고 결국 카르타고는 로마에 의해 멸망한다.

이베리아의 페니키아인 식민지

스페인 남부를 동쪽에서 서쪽으로 흘러 대서양으로 흘러드는 과달키비르강 어귀 부근에서도 페니키아인의 활동은 활발했습니다. 강어귀의 30킬로미터 정도 남쪽에 있는 섬의 북단에 지어진 카디즈(Cádiz)나 깊은 후미의 안쪽에 있는 세비야(Sevilla)도 페니키아인이 개척한 식민지가 기원인 도시입니다.

Cádiz의 어원은 페니키아어 gadir(요새)로, 견고한 성채를 가진 항구마을이었습니다. 페니키아인의 식민은 기원전 1100년의 일이라 여겨지고 있습니다. 트로이 전쟁이 끝난 것이 기원전 1185년 무렵이라 여겨지니, 그리스인에게는 아직 신화시대의 일이었습니다. 전설에 따르면, 티루스에 '헤라클레스의 기둥' 으로 식민단을 파견하라는 신탁이 있어 정찰대가 파견되었습니다. 정찰대는 상티 페트리섬의 남단이 헤라클레스의 기둥이라 생각하고, 거기에 헤라클레스의 신역을 짓고, 천연의 좋은 항구가 있었던 북단에 식민지를 건설합니다.

상티 페트리섬은 남북 20킬로미터, 동서 1킬로미터 정도의 가늘고 긴 섬이었습니다. 오늘날 남쪽 끝은 육지와 연결되었고, 옛날의 해협은 북쪽으로 트인 깊숙한 만이 되어 있으며, 만안은 일대가 항만도시를 이루고 있습니다. 그러나, 최남단은 예전의 섬에서 잘려나가 작은 섬이 되었고, 오늘날에는 그 작은 섬이 상티 페트리섬이라 불리고 있습니다.

카디스는 로마시대에는 가디스(Gadis)라 불리며 중요 무역항으로서 크게 발전했습니다. 항만도시에 로마 식민시의 지위를 부여한 이는 카이사르입니다. 스에토니우스(69?~140?)는 「카이사르전」에서, 상티 페트리섬 남단에 있던 헤라클레스 신전의 알렉산드로스 대왕상을 본 카이사르가 "나는 이미 알렉산드로스가 세계를 재패했을 때의 나이가 되었는데, 무엇 하나 세상의 기억에 값할 일을 한 게 없다…"(『로마황제전』)고, 자신의 재주없고 무능함을 한탄하며 긴 한숨을 쉬었다고 쓰고 있습니다. 그로부터 얼마 지나지 않아, 그는 야심찬 갈리야 원정을 자청해서 나가지요.

Sevilla는 페니키아어 sefela(평야)가 어원입니다. 그라나다를 출발해 지브롤터가 보이는 론다봉을 넘으면 차츰 기복이 완만해지고, 마침내는 완전한 평지가 됩니다. 보리밭과 함께 오렌지 등의 과일나무가 재배되고, 야자나무가 보이며, 기후는 따뜻하고, 토지는 촉촉하게 윤기가 흐르는 풍요로운 농업지대입니다. 그 모양은 산이나 건조한 땅이 많은 스페인의 다른 지방과 뚜렷한 대조를 이루고 있어, 세비야라 이름붙여진 이유를 잘 알 수 있습니다.

세비야는 기원전 205년에 로마의 지배 아래로 들어가면서부터 크게 발전했습니다. 그래서 서고트 시대에는 대주교좌(대주교가 재임하는 격이 높은 교회 ―옮긴이)가 설치되고, 성 이시도로(560?~636)가 가톨릭 발전에 활약했습니다. 711년에 서고트 왕국이 멸망하고나서는 이슬람교도가 오랫동안 지배하며, 유럽에서도 손꼽히는 문화도시로 발전했습니다.

세비야의 고고학 박물관에는 페니키아인이 활동했음을 나타내는 여신 이슈타르테의 작은 청동상이나, 그리스인과 로마인들의 활약을 말해주는 전시물 등이 전시되어 있으며, 마을을 걸어보아도 이슬람문화, 유대문화, 그리스도교 문화가 겹쳐 있음을 느끼게 하는 것이 많이 있습니다. 세비야는 콜럼버스의 '신대륙 발견' 뒤로 인디오스(Indios)라 불렸던 신대륙과의 무역으로 르네상스기를 통해 이승의 불사조(phoenix)라 불릴 정도로 크게 번영했습니다. 신대륙 발견은 경제, 정치, 문화면에서 유럽을 크게 바꾼 발단이 되었던 세계사적 사건이었는데, 세비야는 그 충격을 가장 강하게 받았던 도시이기도 합니다.

또한, 카디스는 신대륙 발견과 더불어 스페인의 식민지 경영본부가 설치된 곳이며, 무적함대가 출항한 곳이었습니다.

세비야에 있는 알카자르 정원.

한니발 일족이 쌓은 카르타헤나와 코르도바

카르타고의 영웅 한니발의 아버지 하밀카르 바르카스(?~BC 229)는 제1차 포에니 전쟁에서 시칠리아에서 나폴리 북쪽의 쿠마이까지 진격해 올라가지만, 본국의 지원을 얻지 못해 로마로 공격해 들어가지 못했던 장군입니다. 이 전쟁은 결국 카르타고의 패배로 끝나서 코르시카, 사르디니아, 시칠리아를 잃었습니다.

바르카스가 귀국한 뒤, 카르타고의 기사회생을 걸고 손을 댄 일은 이베리아 반도의 본격적인 식민지화였습니다. 그 거점이 오늘날의 카르타헤나(Cartagena)였습니다. 라틴어 지명 카르타고 노바(Carthago Nova : 신 카르타고)에서 변화한 것입니다.

카르타헤나는 마르세이유와 마찬가지로 작은 만이 더욱 들어간 천연의 요항이었습니다. 게다가 기름진 후배지가 있고 철, 구리, 납, 주석 등도 풍부해 이베리아 반도에서 카르타고의 가장 중요한 식민지였습니다. 오늘날도 카르타헤나는 광산물이나 농산물의 수출항으로 바르셀로나에 버금가는 취급량을 자랑하며, 커다란 군항이기도 합니다.

카르타고 노바는 기원전 218년에 한니발이 알프스를 넘어 로마를 공격하기 위해 5만 대군을 이끌고 길을 떠났던 곳입니다. 그러나, 기원전 209년 로마의 명장 대(大) 스키피오(BC 236?~184)의 공격을 받아 함락됩니다. 그때, 스키피오는 왕녀 하나가 약혼했음을 알고는 약혼자에게 많은 돈을 보내 두 사람의 결혼을 축복했다는 이야기가 있습니다. 이것은 스키피오가 어떻게 민심을 휘어잡았는지를 말해주는 일화이며, 그 뒤로 이베리아 반도 남부는 급속히 로마화되어 갑니다.

코르도바(Córdoba)는 스페인의 카르타고인이 개척한 식민도시가 기원이며, 지명의 어원은 페니키아어인 qorteb(oil press)입니다. 올리브유의 생산지를 뜻하는 지명이었다고 볼 수 있습니다. 올리브유는 압착법으로 짜내며, 식용은 물론 등유로도 쓰일 수 있는 생필품이었습니다. 요드를 많이 함유하고 있어 약용으로도 중요했습니다.

코르도바는 오늘날에도 남쪽의 말라가(Málaga)와 나란히 올리브유 생산의 중심지입니다. 세비야에서 코르노바로 향하는 고속노로 양쪽에는 과달키비르강이 만들어낸 충적평야가 이어집니다. 작물은 보리가 중심이고, 온난하고 강우량도 알맞은 이 지방은 과일이나 채소도 대량으로 재배되고 있습니다. 그러나, 코르도바에 가까워짐에 따라 토지의 기복이 두드러지고 표토도 척박해져서 올리브밭이 많아집니다. 올리브 재배의 중심은 북쪽의 시에라 모레나 산맥의 양쪽 비탈입니다.

코르도바는 과달키비르강을 따라 세비야에 물자를 운반할 수 있는 지점에 있고, 북쪽에는 모레나 산맥이라는 천연의 방어벽이 있었습니다. 그 산맥에서 구리, 철, 납 등의 광물을 캐내었던 것이 이 분지가 중요시되었던 이유였습니다.

코르도바는 포에니 전쟁이 최종국면에 다가갔던 기원전 169년에 로마에 점령되고, 기원전 152년에는 로마의 식민도시가 되었습니다. 그 이래로 이베리아 반도에서 로마 문화의 중심도시가 된 것입니다. 서로마제국이 멸망한 뒤로는 서고트족의 침입이나 이슬람교도의 침입으로 파괴되었지만, 이슬람교도 뒤에 우마이야 왕조(756~1031)의 수도로서 10세기 무렵에는 유럽의 으뜸가는 문화도시로 번영했습니다.

이슬람교도는 사막의 민족이었지만, 알렉산드로스 대왕의 동방원정으로 태어난 헬레니즘 문화권을 정복하고는 다마스쿠스, 안티오키아, 알렉산드리아 등에서 선진문화를 적극 받아들였습니다. 그리고, 로마황제 유스티니아누스 대제(재위 527~565)가 이단적인 그리스도교에게 근거를 제공한다며 그리스 학문의 연구를 금지한 뒤로, 그리스 학문은 이슬람권에서 특히 왕성하게 연구하게 되었습니다. 그 성과가 코르도바에 전해져, 코르도바의 문화 수준은 비잔틴제국의 도시 콘스탄티노플이나 우마이야 왕조의 도시 다마스쿠스에 버금가게 됩니다.

그런 코르도바에는 2만 5천 명을 수용할 수 있었다는 모스크가 있었습니다. 모스크는 기도의 장이자 동시에 각지에서 학자들이 모여드는 학문의 장이기도 해서, 아리스토텔레스 저작물의 번역 등이 왕성하게 행해지고 실증적 학문이 발달했습니다. 그리고, 코르도바에서 유학하고 있던 유럽의 연구자들이 그리스 학문의 성과를 번역해서 서구에 전합니다. 이슬람권에서 발달했던 천문학이나 화학의 성과도 코르도바를 거쳐 서구에 전해졌습니다. 영어단어 algebra(대수), alchemy(연금술), chemistry(화학), alcohol(알코올) 등은 아랍어에서 기원한 말입니다.

코르도바의 메스키타 내부.

그 뒤, 이슬람교도와의 전투가 커다란 성과를 거두었던 페르난도 3세(재위 1217~1252) 아래에서 1236년, 코르도바는 그리스도교권으로 들어왔습니다. 코르도바의 모스크는 중앙부가 카를로스 1세(재위 1516~1556) 시대에 그리스도교의 주교좌 교회로 개조되어 오늘날 메스키타라고 불리고 있습니다.

토끼가 있는 해안, 스페인

이베리아 반도의 이베리아(Iberia)와 에브로강(Ebro)은 같은 어원의 지명입니다. 이베리아 반도를 탐험했던 그리스인은 선주민을 이베레스(Iberes)라 불렀는데, 이 호칭은 켈트어 iber(강)가 어원이라 여겨지고 있습니다. 그 강이란 피레네 산맥의 물을 모아 흐르는 에브로강이었습니다. 다만, 이베리아 반도에는 켈트인이 침입하기 전부터 아시아계 선주민이 정주하고 있어, 이 지명은 켈트어 이전의 말로 거슬러 올라간다고도 생각할 수 있습니다. 그 선주민과 켈트인의 피가 섞여 태어난 로마 이전의 이베리아 사람을 이베로-켈틱

(Ibero-celtic)이라고 부릅니다.

스페인(Spain)의 어원에 대해서는 몇 가지 설이 있습니다. 그 가운데 하나는 남스페인을 지배했던 카르타고인의 말인 saphan(토끼)에서 유래한다는 것입니다. 이베리아 반도 남부는 토끼가 많이 번식하는 곳으로 카르타고인에게 알려져 있었고, 그들은 그 땅을 i-sephan-in(토끼가 있는 해안)이라 부르고 있었습니다. 제2차 포에니 전쟁의 승리로 이 땅을 지배하게 된 로마인이 카르타고인에게 배워서 히스파니아(Hispania)라 부르게 되고, 그것이 첫머리의 h를 발음하지 않게 되었던 평속(平俗) 라틴어의 영향으로 이스파니아(Ispania)로 바뀝니다. 현대 스페인어로는 에스파냐(España)입니다.

그러나, 토끼는 해를 끼치는 일이 많아서 스트라본은 '(너무 늘어난 토끼는) 집도 나무도 지하에서 공격해 쓰러뜨리고…' (『그리스 로마 세계지지地誌』 III · V · 1)라고 주민들이 토끼 피해로 고생하고 있었음을 적고 있습니다.

이스파니아의 유래에 관해 고전학자들은 그리스 신화의 저녁별의 신 헤스페로스(Hesperus)가 어원이라고 여겨왔습니다. 그리스인은 이탈리아보다 서쪽 지역을 terra Hesperia(헤스페로스의 땅)라 부르며, 미지의 서쪽 지역에 대해 다양하게 공상했습니다. 그 하나가 헤스페로스의 딸들인 헤스페리데스의 이야기입니다.

711년에 서고트 왕국을 멸망시키고 이베리아 반도를 지배하게 된 이슬람교도는 이 땅을 알 안달루스(al-Ándalus)라 불렀습니다. 이것이 오늘날의 안달루시아(Andalucía)로 바뀝니다. 이 지명은 반달족(Vandals)에서 유래하는 것으로, 독일어 wandeln(유랑하다)이나 같은 뜻의 영어 wander는 어원이 같은 말입니다. 반달족은 오델강 상류지역을 고향으로 하며, 도나우강 상류지역을 거쳐 5세기 초에 이베리아 반도에 침입하고, 더 나아가 지브롤터 해협을 건너 옛 카르타고를 중심으로 왕국을 세웠던 동(東)게르만족입니다. 이동의 폭이 넓었던 것이 이 이름의 유래입니다.

펠로폰네소스 전쟁의 승패를 좌우했던 곡창, 시라쿠사

시칠리아섬 동부의 시라쿠사(Siracusa : 시라쿠자)는 코린트인이 기원전 734년에 개척한 식민지였습니다. 그전까지는 그리스인이 교역을 하기 위해 들르곤 했지만, 그 해를 기점으로 조직적인 식민이 시작되었던 것입니다.

식민지를 고르는 데에는 주의깊은 조사가 필요했습니다. 적당한 땅인지 아닌지의 기준은 외해(外海)에 가까운 요항이 있을 것, 방위에 알맞을 것, 견고한 후배지가 있을 것, 그리고 마실 물이 될 샘이 있을 것 등이었습니다. 그 점에서 시라쿠사에는 거의 원 모양으로 둘러싸인 만과 오르티기아라는 방위에 알맞은 작은 섬이 있었습니다. 조개 등의 유기물이나 모래를 많이 함유해 물이 잘 스며드는 석회암으로 된 작은 섬에는 샘물이 솟고, 남쪽 만안에는 몇 개의 강이 있고, 강물의 흐름이 만들어낸 습지는 농지로 쓰기에도 아주 좋았습니다.

에우리피데스의 『아울리스의 이피게네이아』에 "소문으로 들었

던 아레투사의 샘이 흘러드는 바다…"라는 코러스(합창대)의 노래
가 있습니다. 이 샘은 오르티기아섬에 있는 샘을 가리키는 것이며,
오늘날에도 그 모습을 볼 수 있습니다. 여름날 해저물녘에 가까운
해안에 서보면, 잔잔한 만을 크고작은 요트나 낚싯배 등이 한가롭
게 오락가락하고 있어서, 이 만이 기항지로 아주 알맞았음을 알 수
있습니다.

시라쿠사는 '습지'를 뜻하는 원주민 말이 어원이라 여겨지고 있
습니다. 당시에 이미 페니키아인이 교역을 하고 있던 곳으로, 그들
의 '갈매기'를 뜻하는 말이 어원이라는 설도 있습니다. 오르티기아
섬에는 여기저기에 벼랑이 있고, 그 벼랑이나 건너편에 있는 본섬
에는 갈매기가 무리를 짓고 있었습니다.

오르티기아와 본섬 사이의 바다는 얕아서 그리스인은 식민지를

아레투사　　그리스 신화에 나오는 님프. '물 뿌리는 자'라는 뜻이다. 신화에는 아레투사라는 이름이 여러 명 나온다. 시라쿠사의 오르티기아에 있는 샘과 관련된 아레투사는 오비디우스의 『변신 이야기』에서 강의 신 알페이오스에게 쫓기다 샘의 님프가 되었다. 아카이아 숲 속의 님프이자 사냥의 여신 아르테미스의 시녀인 아레투사는 몹시 더운 어느 날 사냥을 마치고 멱을 감으러 시냇물에 들어갔다가 강의 신 알페이오스의 눈에 띄었다. 아레투사는 필사적으로 도망쳤으나 알페이오스는 그녀를 뒤쫓았다. 아레투사는 아르테미스 여신에게 도움을 청하고, 아르테미스는 두터운 구름으로 그녀의 몸을 가려주었다. 구름에 싸인 아레투사의 몸이 점점 물로 변해가자 알페이오스는 다시 강물로 돌아가 그녀와 합쳐지려 하였다. 그러자 아르테미스가 땅을 갈라주었고, 아레투사는 그 틈으로 뛰어들어 지하로 흘러들어서 시라쿠사의 오르티기아에 이르러 샘이 되었다고 한다.

개척하자 곧바로 돌 등을 써서 건널 수 있는 길을 만들고, 이어서 건너편으로 식민지의 중심을 옮겨 아크로폴리스를 건설합니다. 그리고 비옥한 후배지가 갖춰진 시라쿠사는 북쪽의 카타니아, 메시나, 그리고 남쪽의 아그리젠토 등 나중에 생긴 식민지를 지배 아래에 넣어 다스리고, 기원전 5세기에는 아테네에 버금갈 정도의 도시로 발전했습니다.

펠로폰네소스 전쟁에서 아테네가 시라쿠사를 제압하기 위해 최대 규모의 군대를 투입한 것은 투키디데스가 말하고 있듯이, 표면적인 이유야 무엇이든, 당시 스파르타와 동맹을 맺고 있던 시라쿠사에서 곡물이 적에게로 들어가는 것을 막기 위해서였습니다(『역사』 III · 86). 할 수만 있다면야 아테네의 식민지로 삼아버리고 싶었던 것이지요.

그러나, 몇 번에 걸쳐 병력을 투입했음에도 아랑곳없이 이 작전은 결국 4, 5만명이나 되는 전사자를 내고 실패로 끝나며, 그것이 펠로폰네소스 전쟁에서 아테네 패배의 중요한 원인이 되어갑니다. 주특기인 해전에서 패하고, 육지에 올라서도 패주를 거듭하는 아테네군을 시라쿠사군과 펠로폰네소스군이 강으로 몰아넣어 커다란 타격을 입히는 장면을 투키디데스는 눈에 보이듯 그려내고 있습니다(『역사』 VII · 84~85).

그리고, 패전의 책임을 묻던 민중은 시라쿠사 원정의 당위성을 열렬히 설파하고 지휘관으로 원정했다가, 음모에 휩싸여 적국 스파르타로 망명한 알키비아데스를 '전쟁범죄인'으로 몰아붙입니다. 그리고는, 알키비아데스와 친교가 있었던 소크라테스를 마녀사냥같은 재판에 붙여 사형을 선고한 것입니다.

마그나 그라이키아의 꽃

나폴리(Napoli)는 영어로는 Naples(네이플즈)라고 씁니다. 그리스어로는 Neapolis(네아폴리스)라고 불렸습니다. 그리스어 neo(새로운)와 polis(도시)로 이루어진 지명입니다.

네아폴리스를 건설한 것은 나폴리만의 북(北)쿠마이에 식민하고 있던 그리스인이었습니다. 네아폴리스는 모시(母市)였던 쿠마이에 대해 새로운 시(市)라는 말이며, 기원전 6세기 말 무렵에 건설되었다고 여겨지고 있습니다.

쿠마이(Cumae)는 모시 쿠메(Kume)에서 유래한 라틴어 이름으로, 오늘날에는 쿠마(Cuma)라 불리고 있습니다. 이 땅은 배가 안전하게 정박할 수 있는 후미가 있고, 아크로폴리스가 될 수 있는 언덕이 있고, 풍요로운 후배지가 있었습니다. 그 후미는 오늘날에는 푸사로 호(Lago di Fusaro)라고 불리며, 조개 종류를 많이 기르고 있습니다.

쿠마이의 식민자들은 아폴론을 열심히 믿는 사람들이었습니다. 건너편의 이스키아섬에 한때 정착해 살고 있었던 그들이 비둘기와 아폴론이 울리는 심벌즈 소리에 이끌려서 쿠마이로 왔다는 전설이 있습니다. 쿠마이 사람들이 아폴론을 섬겼다는 증거를 『아이네이스』(VI · 21~56)에서 볼 수 있습니다. 그에 따르면 쿠마이의 아크로

알키비아데스 (BC 450 ?~BC 404)

기원전 5세기의 아테네의 군인이자 정치가. 외삼촌 페리클레스의 손에 자랐다. 보는 이들의 마음을 사로잡는 뛰어난 미모에다 말솜씨도 탁월했다고 하며, 소크라테스와의 우정인지 동성애인지 논란이 많은 교류관계로도 유명하다. 펠로폰네소스 동맹이 흔들리던 BC 415년, 알키비아데스는 아테네의 적국 스파르타의 동맹인 시칠리아섬의 시라쿠사를 공격해야 한다고 열변을 토한다. 아테네 민회는 그를 지지하고 대규모 병력을 제공할 것을 결정한다. 그러나, 알키비아데스는 오만하고 제멋대로인 성격인 데다가 정치적으로도 야심만만해 많은 정적들이 있었다. 시칠리아 원정대가 출항하기 직전, 그는 신성모독사건에 관련되어 있다는 혐의를 받게 되었다. 당시 아테네인들이 신성하게 여기던 헤르메스상의 돌기둥(헤르마)이 파손되는 사건이 발생한 것이다. 군대를 이끌고 출정했던 알키비아데스는 결국 아테네로 소환을 명령받는다. 당시 신성모독죄는 사형이었다. 궁지에 몰린 알키비아데스는 적국인 스파르타로 망명해버렸다. 갑자기 대장을 잃은 아테네군은 갈팡질팡했고, 한술 더 떠서 알키비아데스는 시라쿠사군에게 군사적 조언을 함으로써 조국 아테네를 엄청난 패배로 몰아넣었다. 알키비아데스는 스파르타왕 아기스 2세의 왕비와 눈이 맞아 왕비가 그의 아기를 낳았고, 이 사실을 안 아기스 2세는 그에게 사형 판결을 내린다. 다시 페르시아로 망명한 알키비아데스는 조국으로 복귀하기 위해 페르시아로부터 아테네의 자금원조를 꾀했으나 실패로 돌아간다. 그는 다시, 당시의 혼란한 정국을 틈타 사모스를 중심으로 하는 아테네 해군의 장군이 되어 키지쿠스 전쟁을 승리로 이끌었다. BC 407년에는 아테네로 귀국했으나, 노티움 해전에서 패배하여 다시 추방당했으며, 망명지 프리기아에서 스파르타의 첩자에게 암살당했다. 한편, 소크라테스에게 사형선고가 내려진 이유는, 당시 참주제에 대한 반동으로 민주정을 시행하고 있던 아테네에서 반민주적이었던 알키비아데스와 30인 참주의 우두머리인 크리티아스에게 소크라테스가 영향을 미쳤다는 것이었다.

라파엘로가 그린 「아테네 학당」 부분도. 왼쪽 원 안의 투구쓴 이가 알키비아데스이고, 오른쪽이 소크라테스다.

폴리스에는 긴 동굴이 있고, 동굴 맨 안쪽에는 아폴론의 무녀 시빌이 있습니다. 그녀는 미래의 일이며 저승의 일도 꿰뚫어볼 수 있는 예언자로, 아폴론의 영이 내리면 갑자기 안색이 변하고 숨이 거칠어지며 머리카락을 흐트러뜨리고는, 미친 여자처럼 되어 신탁을 전합니다. 그녀의 목소리는 동굴에 부딪쳐 굉음이 되어 울려퍼지고, 그 무서움에 아이네아스는 뼛속 깊숙한 곳까지 오싹하게 떨립니다. 지금도 그 동굴이라 여겨지는 것이 남아 있는데, 동굴 맨 안쪽에서 노래를 하면 동굴에 부딪쳐 가사는 알아들을 수 없게 되지만, 입구까지 커다랗게 소리가 울려옵니다.

쿠마이 주변 원주민은 에트루리아인인데 그리스인들은 통상을 하면서 차츰 그들을 억누르고는 나폴리만 전역을 세력 아래에 둡니다. 나폴리만 주변 지방은 캄파니아(Campania)라 불리고 있습니다. 이 지방 이름은 프랑스의 상파뉴(Champagne)와 같은 것으로, '평지'가 원래 뜻입니다. 선사시대부터 베수비오 화산의 분화로 북쪽

나폴리 풍경.

의 나폴리 주변과 남쪽의 폼페이, 다시 그 남쪽 일대는 화산암이 쌓이고 습지도 있어 기름진 농지였습니다. 그 땅이 얼마나 기름졌는지는, 로마인이 캄파니아를 Campania Felix(복된 캄파니아)라 부르고 있던 데에서도 알 수 있습니다. 오늘날에도 채소나 과일, 꽃 등이 왕성하게 재배되고 있습니다.

나폴리가 태어난 무렵에는 그리스인과 원주민 사이에 싸움이 있었으므로, 정주지를 존속시키려면 시라쿠사의 도움이 필요했습니다. 시라쿠사의 그리스인이 옛날부터 메시나 해협을 거쳐 나폴리만으로 왕성하게 오가고 있었음은, 『오디세이아』에서 세이렌 일화의 무대가 나폴리만 남단의 소렌토곶이라 여겨지는 것으로부터도 상상할 수 있습니다. 지명 소렌토는 '절벽'을 뜻하는 페니키아어인 듯하며, 그리스인이 올 때까지는 페니키아인이 기항하고 있었습니다. 그러나, 실제로 화산암 절벽 위에 정착해 살기 시작한 것은 그리스인으로, 전통적으로 세이렌(Seiren : 요정)이 바뀌어 소렌토(Sorrento)가 되었다고 여겨져 왔습니다.

나폴리에는 오디세우스를 유혹하는 데 실패하고 바다에 몸을 던

오디세우스와 세이렌 일화가 그려진 암포라.

졌던 상반신은 인간이고 하반신은 새인 여성 세이렌, 즉 파르테노페(Parthenope)의 유체가 떠돌다 도착했다는 전설이 있어 예전에는 파르테노페아라고도 불리고 있었습니다. 1799년에 나폴레옹이 이끄는 프랑스군은 나폴리 왕국을 점령하고 나폴리 공화국이라 할 만한 체제를 발족시켰는데, 그것이 파르테노페아 공화국(Parthenopean Republic)이었습니다.

로마 시대에 나폴리만 북부에 있는 포추올리는 해군기지였습니다. 이탈리아 반도에서 로마 최대의 간선도로였던 아피아 도로는 브린디지로 향하는 도중의 전략적 요충지인 카푸아에서 갈라져, 쿠마이를 거쳐 나폴리로 통하고 있었습니다.

나폴리만 일대는 그리스풍 문화가 번창하고 경치가 좋은 곳이어서 로마 부유계급의 별장지로 인기가 있던 곳입니다. 특히 별장이

베수비오산을 배경으로 서 있는 폼페이 유적.

몰려 있던 곳은 폼페이(Pompei)와 소렌토입니다. 폼페이는 다섯 구역으로 나뉘어 있었기 때문에, 그 땅의 말인 pompe(five)에서 파생했다고 여겨지고 있지만, 로마 시대의 번영으로 미루어보아, 라틴어 pompa(빛나고 아름다운)가 어원이라는 설도 있습니다.

폼페이가 베수비오 화산의 폭발로 파묻히고 만 것은 기원 79년입니다. 『박물지』의 지은이 대(大) 플리니우스(23/24~79)는 이 분화를 바다 위에서 조사하러 갔다가 유황을 잔뜩 머금은 연기에 휩싸여 사망했습니다. 그때, 그의 조카이자 양자이기도 했던 소(小) 플리니우스(61?~113)는 위기가 닥쳐오는 나폴리만 북단의 미세노곶에서 분화하는 모습을 보고 있었습니다.

그는 기원 106년 무렵에, 역사적 사실을 정확히 후세에 남기고 싶다는 역사가 타키투스(55?~115?)의 요청에 응해 쓴 편지에서 '지그재그로 구부러지며 돌진하는 분화의 섬광으로 새까맣고 무시무시한 구름이 찢기고, 장대한 불꽃 모양으로 갈라져 보였습니다' 라고 분화의 모습을 묘사하고 '소름끼치는 광경' 이라며 압도적인 자연의 경이를 표현하고 있습니다(『플리니우스 서간집』 VI · 15).

도시들의 여왕, 이스탄불

이스탄불(Istanbul)은 그리스인의 식민지인 비잔티온(Byzantion)에서 유래하는 도시입니다. 아테네와 코린트 사이에 있었던 도시국가인 메가라인들이 세웠으며, 기원전 660년 무렵으로 여겨지고 있습니다. 메가라인은 기원전 7세기에 시칠리아 등에서도 식민활동을 했지만, 특히 흑해 연안에서는 왕성하게 통상활동을 벌이고 있었습니다.

비잔티온의 중심은 넓은 강 같은 보스포루스 해협 남쪽에 뿔처럼 튀어나온 반도의 끄트머리에 있었습니다. 반도를 가로질러 성벽이 1,600미터 정도에 걸쳐 이어져 있었습니다. 아크로폴리스는 오늘날 국립박물관이 되어 있는 토프카프 궁전이 있는 곳에 있었습니다. 소피아 대성당도 같은 언덕에 있습니다.

작지만 안쪽이 깊숙한 후미인 금각만(Golden Horn)은 수심이 꽤 깊고 바람으로부터 안전한 정박지이며, 금각만과 남쪽의 마르마라 해에 끼인 곳은 서쪽에만 성벽을 쌓으면 육지로부터의 공격을 막을 수 있었습니다. 식수가 될 샘이나 우물이 많이 있고, 농사짓기 좋은 땅도 많았습니다. 더욱이 흑해와는 보스포루스 해협으로 연결되고, 마르마라해가 다르다넬스 해협을 거쳐 에게해와 연결되어 있었으므로 흑해 연안의 곡물과 아나톨리아(소아시아)나 에게해 연안의 산물 등의 교역을 하는 데에도 최고였습니다. 그러나, 왕래가 왕성한 바다로부터의 공격에는 무방비였기 때문에 나중에 해안선을 따라서도 쪽 성벽이 지어집니다.

동서와 남북 교역의 요충지였던 비잔티온은 많은 민족의 공방의 장이기도 했습니다. 옛날에는 기원전 512년에 페르시아 제국의 다리우스 1세(재위 BC 522~486)의 지배 아래에 들어가고, 마침내 마케도니아의 필리포스 2세(재위 BC 359~336)에 압박을 받고, 그의 아들 알렉산드로스 대왕(재위 BC 336~323)에게 멸망당합니다.

토프카프 궁전의 행복의 문.

　이스탄불은 중세를 통해 '도시들의 여왕'이라 불릴 정도까지 발전했습니다. 발전의 계기를 만든 이는 콘스탄티누스 대제이며, 기원 324년에 '신 로마'라 부르며 로마제국의 수도로 정한 다음의 일입니다. 330년에 성모 마리아에게 바치는 도시로서 정식으로 수도를 옮기고, 그리스어로 콘스탄티누폴리스(Konstantinoupolis : 콘스탄티누스의 도시), 라틴어로 콘스탄티노폴리스(Constantinopolis)라 불리게 됩니다.

　수도를 옮기던 당시 성벽은 곶의 끄트머리에서 4킬로미터 정도 안쪽에 쌓아올려져서 도시의 넓이는 한꺼번에 네 배가 되었고, 도시와 성벽이 폴리스(polis)라 불렸습니다. 그 성벽은 테오도시우시 2세(재위 408~450) 시대에 다시 1킬로미터 정도 안쪽으로 넓혀지고, 전체 길이 6킬로미터 정도의 튼실한 것이 되었습니다. 7세기에 이슬람교도의 세력이 강해짐에 따라 아나톨리아에서 콘스탄티노플 주변 도시는 황폐해져 단순한 요새가 되었으며, 그런 요새와 비교했을 때 수도로서의 콘스탄티노플의 번영은 두드러졌습니다.

차츰, 폴리스라고 하면 콘스탄티노플을 뜻하게 되고, '수도로'라는 뜻으로서 일반적으로 에이스텐폴린(eis ten polin : 성벽 안으로)이 쓰이게 됩니다. n 뒤의 p는 b로 변하므로 실제로는 에이스텐볼린에 가까웠을 것 같습니다. 그리스어 eis는 ek(밖으로)에 반대되는 말이므로, '안으로'를 뜻하는 말이었습니다. ten은 관사입니다. 이 에이스텐볼린이 오스만 투르크의 지배 아래서 이스탄불(Istanbul)이나 스탐불(Stambul)로 불리게 되지요.

콘스탄티노플이 오스만 투르크에게 공격받아 함락된 것은 1453년입니다. 그 반세기 전 레온 카스티야 왕국의 엔리케 3세(재위 1390~1406)가 티무르 제국에 보냈던 사절단의 단장 클라비호는, "그리스인은 우리가 부르고 있는 콘스탄티노플이라는 이름은 모르고, 대개 에스톰볼이라 부르고 있다"고 『티무르 제국 기행』 제4장에서 쓰고 있습니다. 그리스어 지명 Byzantion은 식민활동을 이끌었던 메가라인의 왕 비자스(Byzas)에서 유래합니다. 비잔티움(Byzantium)은 라틴어형이며, 비잔츠(Byzanz)는 독일어형, 비잔틴은 영어형 Byzantine에서 태어난 표기입니다.

십자군 직전이 되면 로마 가톨릭, 이슬람, 그리스정교 세력이 콘스탄티노플을 중심으로 격렬하게 서로 싸웁니다. 당시에는 색슨인이나 바이킹, 스키티아인, 투르크인들이 용병으로 비잔틴 제국 중심부로 몰려들어와 있었습니다. 그들의 모습은 안나 콤네나(1083~1148?)의 『알렉시아드』나 스노리 스툴루손(1178~1241, 아이슬란드의 시인, 역사가)이 쓴 노르웨이왕 열전이라 할 수 있는 『헤임스크링글라』 안의 「하랄손 가열왕(苛烈王)의 사가」에 잘 그려져 있습니다.

안나 콤네나는 아버지 알렉시오스 1세(재위 1081~1118)가 황제 자리에 오르기까지의 과정에서 그 자리를 둘러싸고 획책하는 바이킹, 투르크인, 스키티아인의 모습을 생생하게 써내려가고 있습니다. 또, 아버지인 황제가 투르크의 진격을 막기 위해 불러들인 십자군 사령관이나 병사들의 방약무인함과 야만스러움에 대해 혐오감을 숨기지 않고 말하고 있습니다. 스노리에 따르면, 하랄손은 당시에 이미 제국의 용병으로 일하고 있던 많은 바이킹들에게 추대되어 용병 대장이 됩니다.

비잔틴 제국이 함락된 이래 콘스탄티노플은 이스탄불이 되고, 오스만 투르크의 수도가 되었습니다. 그러나, 그리스인이 건설하고

안나 콤네나(1083~1148)   동로마 황제 알렉시오스 1세의 딸. 알렉시오스 1세가 죽자 동생(요한네스 2세 콤네누스) 대신에 자신의 남편 니케포루스 브리엔니우스를 황제 자리에 앉히려다가 실패하고 수도원으로 피신한다. 그 뒤로 수도원에 칩거하며 남편이 남긴 미완의 역사서를 계승하여 그리스어로 된 15권짜리 역사서 『알렉시아드』를 완성한다. 타고난 총명함에 수준높은 교육을 받아 그리스 고전작품과 신화 · 지리학 · 역사학 · 수사학 · 변증학 및 플라톤과 아리스토텔레스 철학에 깊은 지식을 가진 인문주의자였다. 『알렉시아드』는 비잔틴(동로마제국)적인 입장에서 서유럽을 관찰하고 제국의 비잔틴적 개념을 추구한 역사서로 평가된다. 초기 십자군 원정에 관한 비잔틴적인 설명을 담은 훌륭한 자료이기도 하다.

발전시켜왔던 콘스탄티노플이므로, 이스탄불에 대한 그리스인의 애
착은 특별했습니다. 1832년에 오스만 제국으로부터 독립했을 때 그
리스령이 되지 않은 것에 심한 유감을 갖고 있으며, 지금도 이스탄
불이라 부르지 않고 콘스탄티누폴리스라 부르고 있습니다. 특히 그
리스정교의 총본산으로서 번영해왔던 소피아 대성당에 대한 종교관
계자의 애착은 강해서 콘스탄티노플 탈환은 지금도 그들의 강한 바
람입니다.

서지중해에서의 그리스의 교두보, 마르세이유

프로방스의 중심도시 마르세이유(Marseille)는 기원전 7세기에
이오니아 지방의 포카이아인이 들어가 건설한 그리스의 식민시였습

이스탄불에 있는 소피아 대성당.

니다. 포카이아는 에페소스에서 130킬로미터 정도 북쪽에 있는 도시국가로, 에게해에 면해 있었습니다. 에페소스와 마찬가지로 아르테미스 신앙이 성해 마르세이유의 그리스 유적에서는 유방을 몇 개나 가진 아르테미스상이 여러 개 발굴되고 있습니다.

당시 마르세이유는 마실리아(Massilia)라 불리고 있었습니다. 이 지명의 어원은 리구리아 지방의 켈트어 mas(샘)에서 비롯된다고 여겨지고 있습니다. 마르세이유는 커다란 리옹만의 동쪽 끝에 있는 작은 만(灣)의 더욱 안쪽에 있는 후미에 만들어진 식민지였습니다.

거기가 천연의 요항이었음은 오늘날 노트르담 대성당이 세워진 가르드(Garde : 원뜻은 감시병)의 언덕에서 보면 잘 알 수 있습니다. 뒤쪽은 석회암 산으로 둘러싸여 있습니다. 켈트계 부족이 정착했던 기원전 1000년 무렵에는 여러 산에서 작은 시냇물이 흘러내리고, 해변에는 나무가 울창하고, 사슴이나 멧돼지 같은 야생동물이 살고 있었습니다. 석회암이라는 지질로 미루어보아 숲에는 샘이 몇 개나 솟구치고 있었을 것입니다.

마실리아는 론강 하구가 만들어낸 삼각주의 동쪽 변두리에 자리 잡고 있었기 때문에, 홍수나 토사로 항구를 쓸 수 없게 되는 불리함을 피할 수 있으면서, 동시에 론강을 내려가며 얻게 되는 다양한 물품의 교역에 편리한 곳이었습니다. 카르타고를 근거지로 한 페니키아인이 이 땅에서 교역을 하고 있었는데, 이윽고 힘을 키워가던 그리스인이 진입해 들어왔던 것이지요.

그리스인이 특히 탐냈던 것은 주석이었습니다. 구리에 10%의 주석을 섞으면 청동이 만들어집니다. 『일리아스』 제23가에는 빛나는 청동 갑옷과 투구를 걸친, 헤아릴 수 없을 정도의 장병이 모여서 갑옷과 투구를 벗고 아킬레우스의 벗인 파트로클로스에게 추도의 뜻을 표하는 장면이 있습니다.

신화의 장면이므로 많이 과장되어 있기는 합니다. 그러나, 주석은 무기나 생활용구, 장식품 등에 쓰이던 청동을 만드는 데에 꼭 필요했으므로 주석의 루트를 확보하는 것은 생활 라인의 하나를 확보하는 것과 비슷했다고 말할 수 있지요.

주석의 산지는 브리튼섬 콘월이었습니다. 콘월에서는 바위산이 침식되어 까만 돌멩이 모양이 된 주석이 여러 하천으로 흘러나오고 있었습니다. 그것을 부르타뉴 지방의 상인이 사들여, 오늘날의 세인트 마이클스 마운트라 여겨지는 섬에서 갈리아로 운반하고, 육로에서는 말(馬)을 이용해 지중해로 가져왔던 것입니다. 기원전 1세기에 시칠리아에서 태어난 역사가 디오도로스의 기술(記述)에서, 가론강을 거슬러 올라가서 툴루즈를 거쳐 지중해 연안의 나르본으로 나와 마르세이유로 운반했다고 생각할 수 있습니다.

마르세이유가 그리스 식민지가 되었던 당시 상황을 보면, 기원전 597년에 유대인의 바빌론 유수가 있고, 그로부터 십 몇 년 뒤에 페니키아가 신바빌로니아의 지배 아래로 들어갔습니다. 그리고, 기원전 539년에 키루스 대왕(재위 BC 559~530)이 이끄는 페르시아가 신바빌로니아를 쓰러뜨린 뒤로는 페르시아의 속주가 되었습니다. 그 페르시아에 해군력을 제공했던 곳이 페니키아였습니다. 그리스를 노리는 페르시아의 후원을 얻은 페니키아는 당연한 결과로, 지중해에서 그리스와 맞서게 됩니다.

마르세이유를 오가는 포카이아인에 관해, 헤로도토스는 "그들은 그리스인 중에서는 원양항해의 선구자이며… 항해에는 환형(丸形)의 배를 사용하지 않고, 50노선을 사용했다"고 쓰고 있습니다(『역사』 I · 163). 그것은 좌우의 현에 스물 다섯 개씩의 노가 달린 대형선으로, 이미 단순한 상선이라기보다 당시의 불온한 지중해 정세를

바빌론 유수 유대왕국을 멸망시킨 바빌로니아 왕국이 세 번에 걸쳐 유대인들을 바빌론으로 끌고 간 사건. 바빌로니아왕 네부카드네자르 2세는 왕국을 크게 부흥시켜 신바빌로니아의 황금기를 이룬 영웅왕이다. 그는 유명한 바벨탑을 쌓고, 왕비 아미티스를 위해 공중정원을 만들고, 마르둑 신전 등을 수복한 것으로도 유명하다. 그런 네부카드네자르 2세는 BC 601년에 쇠락해가던 유대왕국에 침입하여 예루살렘을 함락시키고 BC 597년에 상류층과 지배계급을 중심으로 많은 유대인을 포로로 끌고갔다. BC 586년과 BC 582년에도 바빌론 유수가 있었다. 유대의 경전 가운데 하나인 『예레미야』에 따르면 포로수는 총 4,600명이라고 기록되어 있으나, 남자들만이 아니라 부녀자들까지 합친다면 4만 5천 명 이상일 것으로 추산된다. 당시 유대의 총인구는 약 25만으로 추정된다. 유대인 포로들은 BC 538년에 바빌로니아를 멸망시킨 페르시아의 키루스 대왕에 의해 해방되어 고국으로 돌아가게 된다. 베르디의 유명한 오페라 「나부코」는 유대인의 바빌론 유수를 소재로 한 작품이다.

염두에 둔 군함이라고 해야 할 것이었습니다.

마르세이유 동쪽에 있는 니스(Nice)는 마르세이유의 그리스인이 기원전 3세기 무렵에 개척한 식민지였습니다. 그리스어로 니카이아 (Nikaia)라 불렸던 이 신도시는 승리의 여신 니케(Nike)에게 바쳐졌습니다. 제2차 포에니 전쟁을 경계로 마르세이유나 니스는 그리스 문화를 흡수하려는 로마인이 즐겨 찾는 곳이 되어 로마의 영향을 강하게 받게 되었습니다.

로마제국시대가 되면 마르세이유는 제국의 중요한 거점도시로

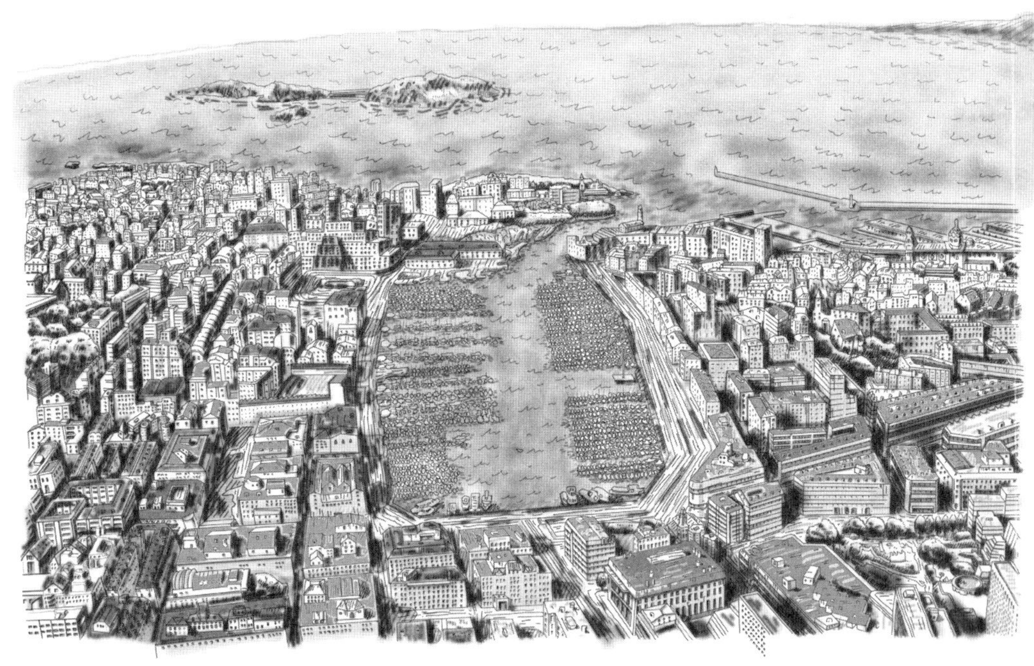

현대에도 국제적인 항구로 번성하고 있는 마르세이유 풍경.

서 발전해 갑니다. 마실리아(Massilia)의 Mar-가 오늘날의 마르세이유(Marseille)의 Mar-로 바뀐 것은 로마의 군신 마르스(Mars)와의 연상에 따른 것이라 여겨지고 있습니다.

오디세우스가 떠돌았던 리비아에서 아프리카로

기원전 500년쯤이 되자 나일강 서쪽의 리비아라고 불리던 아프리카 북부가 차츰 알려지게 되면서, 세계는 서쪽의 유럽, 동쪽의 아시아, 남쪽의 리비아(Libya)라는 세 개의 지역으로 이루어졌다고 생각할 수 있게 되었습니다.

헤로도토스는 "그들(이오니아인)은 전세계가 유럽, 아시아, 리비아의 세 부분으로 이루어져 있다고 하지만, 이집트의 델타가 아시아에도 리비아에도 속할 수 없다면, 그들은 당연히 이것을 네 번째로 넣어야만 할 것이다"(『역사』 II · 16)라고 말하고 있습니다. 이것은 헤로도토스가 이오니아인의 잘못을 지적하고 세계를 네 부분으로 나누는 것이 옳다고 주장한 것입니다. 결국, 델타 지대를 중심으로 하는 지역을 세계의 제4부분으로 해야 할 것인지 어떤지를 논의한 것이므로, 당시 그리스인이 생각하던 세계가 얼마나 작았는지를 알 수 있습니다.

오늘날의 리비아는 북아프리카의 지중해 연안의 거의 중앙부에 있는 나라인데, 당시에는 지중해의 서쪽 끝까지 이어진다고 여겨지고 있었습니다. 포르투갈의 수도 리스본(Lisbon)은 리비아를 떠돌던 오디세우스가 세운 마을이라는 전설이 중세를 통해 뿌리깊게 남아 있었습니다.

리비아 땅은 그리스인보다 앞서서 페니키아인이 식민활동을 하고 있던 곳이어서 서지중해에 관한 그리스인의 지식도 페니키아인이 전한 것이 많았습니다. 페니키아인의 정보에 그리스인은 강한 호기심과 동경, 상상력으로 덧칠했습니다. 외눈박이 괴물이나 식인종이 있다고 여겨졌으며, 공상 속 괴물은 『오디세이아』의 여러 곳에 등장하고 있습니다.

아프리카(Africa)는 아랍어로 '먼지'를 뜻하는 말에서 파생한 지명으로 사막이 압도적인 면적을 차지하는 북아프리카의 특징을 나타내고 있습니다. 그리고, 아프리카는 포에니 전쟁이 끝남에 따라 로마령이 된 카르타고를 가리키는 말이었습니다. 제2차 포에니 전쟁에서 한니발을 쳐부순 대(大) 스키피오는 그 공적으로 아프리카누스(Africanus)라는 경칭을 부여받았습니다. 당시에 로마인이 생각했던 아프리카는 오늘날의 튀니지에 해당하는 정도의 지역에 지나지 않았던 것이지요.

대 스키피오(스키피오 아프리카누스).

알렉산드로스 대왕에 의한 세계의 확대

알렉산드로스 대왕의 동방원정은 15세기의 '신대륙 발견'에 버금갈 정도로 커다란 영향을 후세에 남겼습니다. 인도까지 이르는 정복활동으로 그리스인의 세계는 비약적으로 넓어졌습니다. 히말라야(Himalayas) 산맥의 존재를 처음으로 그리스인이 알게 된 것도 그 결과였습니다. 히말라야는 힌두어로 '눈(雪)의 거처'를 뜻하는 지명이지요.

그리스 여러 도시국가와 마케도니아 연합군을 이끌고 대제국 페르시아를 무릎꿇린 알렉산드로스는 열심히 그리스 문화를 동방에 전했습니다. 대왕은 또한 페르시아와 마케도니아의 일체화를 꾀해 페르시아인을 군대에 많이 채용하고, 자신도 페르시아왕 다리우스 3세의 딸 스타테이라와 결혼합니다. 그 결과, 페르시아의 키루스 대왕이 미트라의 자손으로 신격화되었듯이, 알렉산드로스는 제우스의 아들이라는 사상이 그리스권으로 불어왔습니다. 알렉산드로스의 신격화는 아우구스투스 신격화의 모델이 되었습니다. 콘스탄티누스 대제가 그리스도교를 공인한 뒤로 일반적이 되었던 왕권신수설 등도 기원을 더듬어가면 동방원정의 영향입니다.

알렉산드로스가 원정했던 지방에 세운 식민도시는 70군데가 넘었다고 여겨지는데, 그 가운데 많은 도시에 알렉산드리아(Alexandria)라는 이름이 붙여졌습니다. 가장 유명한 것은 이집트의 알렉산드리아로, 기원전 331년에 이집트를 정복한 뒤 나일 델타의 서쪽 끝, 페니키아인의 항구가 있었던 어촌 근처에 건설되었습니다. 페르시아를 편들어 페르시아 함대의 기지가 되었던 지중해 동쪽 해안의 페니키아 도시들은 그 전 해까지는 알렉산드로스군에 의해 파괴되어 있었습니다. 이후, 페니키아인의 활동은 서지중해의 카르타고로 중심을 옮겨갑니다. 그리고, 페니키아인은 그리스풍 문화의 강한 영

미트라 페르시아-인도 신화에 등장하는 빛의 신. 신화에 따르면, 성스러운 강변의 성스러운 나무 아래에서 횃불과 칼을 지니고 대지의 자녀로 태어났다고 한다. 미트라교는 이 미트라신을 신봉하는 밀의(密儀)종교로 황소를 제물로 바치는 의식을 행했다. BC 3세기 무렵에 조로아스터교가 등장하기 전에 다신교를 믿던 페르시아에서 성행했으며, 미트라신은 이란의 『아베스타』나 인도의 『리그 베다』에도 등장하는 유력한 신이었다. 페르시아에서 그리스를 거쳐 로마까지 전파되었으며, 로마군 사이에서 특히 신봉되었다. 그리스는 페르시아와 적대적 관계였기 때문에 적국의 신이었던 미트라 신앙이 성하지 않았으나, 로마에서는 크게 성행했다. 미트라는 계약과 상호의무의 신이었다. 또한, 태양의 신이며 만물을 품은 빛의 신이어서 맹세의 대상이기도 했다. 로마에 전파된 미트라교는 소아시아나 메소포타미아 지방의 토착종교가 섞여들어 초기와는 많이 다른 내용으로 바뀌었다. 폼페이우스 황제의 동정(東征) 이후에는 로마제국의 수호신으로까지 격상되었다. 디오클레티아누스 황제는 미트라에게 바치는 신전을 세웠으며, 로마제국의 영토에서 광범위하게 유포되어 곳곳에 신전과 유적이 남아 있다. 미트라교는 초기 그리스도교와 로마제국 국교의 자리를 다툴 만큼 고대세계의 유력한 종교였으나 콘스탄티누스 대제 이후 공인된 그리스도교의 승리와 더불어 급격히 잊혀져갔고, 미트라는 이방신의 하나로 격하되고 예배도 금지되면서 쇠퇴했다.

황소를 잡는 미트라교의 의식을 묘사한 부조.

향을 받게 되었습니다. 제2차 포에니 전쟁(BC 218~201)에서 로마를 괴롭혔던 한니발은 그리스어를 능숙하게 구사했다고 합니다.

알렉산드리아는 대왕이 죽은 뒤에 그의 무장이었던 프톨레마이오스가 세운 왕국의 수도가 되어, 헬레니즘 문화가 가장 번영한 국제도시가 되었습니다. 헬레니즘 문화의 중심이 된 또 하나의 도시로는 안티오키아(Antiochia)가 있습니다. 안티오키아는 알렉산드로스의 무장으로 시리아 왕국을 세웠던 셀레우코스의 아버지 안티오코스(Antiochos)에서 비롯된 지명입니다.

안티오키아는 '동쪽의 꽃'이라고도 불리며 알렉산드리아와 나란히 헬레니즘 문화권의 중심적 국제도시가 되고, 그리스도교 전도의 중요거점도 되었습니다. 구약성서를 히브리어에서 그리스어로 번역했던 곳이 알렉산드리아이고, 사도 바울이 그리스도교 전도 초기에 활약했던 곳이 안티오키아입니다.

알렉산드리아는 이슬람교도인 아랍인에게 점령된 뒤로는 아랍

알렉산드로스 대왕.

어 특유의 발음으로 이스칸다리야(Iskandariya)라 불리고 있습니다. 같은 이슬람교권인 터키의 이스켄데른(Iskenderun), 아프가니스탄 남부의 칸다하르(Kandahar)도 알렉산드로스에서 비롯된 지명입니 다. 안티오키아는 오늘날의 터키 남동부에 있는 마을인 안타캬 (Antakya)입니다.

2장
유럽의 기저민족 켈트인

켈트인은 일찍부터 라인강 서쪽에 자리잡고 있던 인도유럽 어족계 민족입니다. 라인강을 끼고 동쪽의 게르만인과 대치하고, 남쪽은 지중해에 이르러 그리스나 로마와 대치했습니다. 그러나, 켈트인의 주류는 로마에 정복되어 민족으로서의 세력이 약해져 갔습니다. 그리고, 게르만 민족 대이동기가 되면 게르만인과 로마인의 항쟁의 틈새에 파묻혀 차츰 게르만인에게도 예속적인 처지로 내몰려갑니다.

켈트인이 유럽의 기저민족이었다는 증거를 유럽의 대략적인 형상을 특징짓는 큰 강이나 산맥, 대도시의 지명에서 볼 수 있습니다. 유럽의 2대강인 라인강(Rhein)과 도나우강(Donau), 유럽과 아시아를 가르는 돈강(Don), 프랑스의 센강(Seine), 루아르강(Loire), 론강(Rhône), 스페인의 에브로강(Ebro), 이탈리아의 포강(Po), 영국의 템스강(Thames), 험버강(Humber), 트렌트강(Trent), 그리고 유럽의 지붕인 알프스 산맥(Alps), 프랑스와 스페인을 나누는 피레네 산맥(Pyrenees), 이탈리아의 등뼈인 아페닌 산맥(Appennini), 영국의 페나인 산맥(Pennines) 등은 모두 켈트인이 쓰고 있던 지명입니다.

켈트계 지명에는 그 전의 민족에서부터 이어져온 것도 많고, 또한 기록도 빈약해서 어원을 딱 잘라 말할 수 없는 경우가 있습니다. 그러나, 라인이나 론, 돈 등은 '물, 흐름', 알프스나 피레네는 '봉우리'를 뜻한다고 여겨지고 있습니다. 아페닌이나 페나인은 켈트어 penn(hill : 언덕)이 어원이지요.

1.
유럽의 토대를 만든 켈트계 지명

카이사르가 말하는 켈트인

카이사르는 『갈리아 전기』(I · 1)에서 당시 갈리아의 켈트인에 대해 다음과 같이 쓰고 있습니다.

"갈리아는 전부 해서 셋으로 나뉘는데, 그 하나에는 벨가이인, 둘에는 아퀴타니인, 셋에는 그 중간 말로 켈타이인, 로마인이 갈리라고 부르는 이가 산다. 그들 모두는 서로 언어와 제도와 법률이 다르다. 갈리인은 가론강에서 아퀴타니인과, 마토로나강과 세콰나강에서 벨가이인과 나뉜다. 그 중 가장 강한 이는 벨가이인인데, 그것은 그들이 프로빈키아의 문화교양에서 멀리 떨어져 있기 때문이며 상인도 거의 드나들지 않아 마음을 부드럽게 하는 물건이 들어가지 않기 때문이며, 레누스강(오늘날의 라인강 ―옮긴이) 건너의 게르마니인과 가까워 그들과 끊임없</p>

이 싸우고 있기 때문이다.”

　카이사르가 말하는 벨가이(Belgae)는 오늘날의 벨기에(Belgium)의 어원으로, 인도유럽 조어 *bhelgh(분노로 부풀어오른)에서 유래한다고 여겨지고 있습니다. 벨가이인이 호전적이었다는 데서 생겨난 어원설인데, 그것은 라틴어에서 기원한 영어 belligerent(전투적인)와 뿌리가 같은 지명입니다. 세콰나강(Sequana)이란 센강(Seine)을 말하며, 켈트어 이전의 *sec(샘, 흐름)가 어원이라 여겨지고 있습니다. 아퀴타니(Aquitanii)는 대서양에 면한 프랑스 남서부 지방 주민을 말합니다. 제정시대의 속주로서의 아퀴타니아(Aquitania)는 카이사르의 정의보다 훨씬 넓어서, 루아르강에서 피레네 산맥까지의 지역을 뜻했습니다. 라틴어명 Aquitania의 제1요소 Aqui-는 라틴어 aqua(물)이고, 제2요소 -tania는 ‘지방’(land)을 뜻하는 말로, 이 지역명의 뜻은 ‘(대서양) 해안지방’이지요.

　프로빈키아(Provincia)의 어원은 명확하지 않습니다. 그러나, 이 말은 이탈리아 이외의 로마의 최초의 식민지 이름으로 쓰였던 것으로 오늘날 남프랑스의, 이탈리아에 가장 가까운 지방인 프로방스(Provence)를 가리키는 것이었습니다. 이 지방의 중심도시는 마르세이유이며, 론강 연안의 아를르(Arles)나 아비뇽(Avignon) 등도 잘 알려져 있습니다. 아를르도 아비뇽도 모두 ‘물’을 뜻하는 인도유럽어로 거슬러 올라갈 수 있다고 여겨지며, 론강과 관계가 깊음을 나타내는 지명입니다.

문신을 새긴, 쫓겨가는 민족

브리튼섬의 켈트인은 몇 개의 부족으로 나뉘어 있었습니다. 브리턴인이란 오늘날의 벨기에 근처에서 브리튼섬 남동부로 이주해온 벨가이인 일파였습니다. 벨가이인은 원래 브리탄니(Britanni)라 불리고 있었습니다. 카이사르가 『갈리아 전기』(IV · 21)에서 브리튼섬의 켈트인을 총칭해서 브리탄니라 불렀던 데에서, 브리턴(Briton)인이라는 말이 생겨나고, 브리탄니아(Britannia : 브리탄니인의 땅)에서 브리튼(Britain)섬이라는 지명이 생겨난 것입니다.

브리튼섬은 기원전 4세기에 마실리아(또는 마살리아. 오늘날의 마르세이유 ―옮긴이)의 그리스인 피테아스가 탐험을 했다고 전하고 있습니다. 그는 갈리아 서안과 브리튼섬을 탐험하고 섬주민을 Prittanoi라 했습니다. 이것이 라틴어로 Britanni가 되었다고 여겨지며, 뜻은 '문신을 한 사람들' 이라고 해석되고 있습니다.

Britain과 Bretagne(부르타뉴)는 어원이 같은 지명입니다. 영국을 그레이트 브리튼(Great Britain)이라고 하는데, 이것은 앵글로색슨인에게 억눌려 도망쳐온 땅을 부르타뉴, 즉, 브리타니(Brittany : Little Britain)라 불렀던 데에서 비롯된 이름이지요.

브리튼섬으로 옮겨와 살게 된 앵글로색슨인은 앞서 온 브리턴인을 억압하고, 차츰 그들을 경작에는 알맞지 않은 땅으로 쫓아내어 갔습니다. 그리고 그들을 노예나 농노로 부려먹으며 차별대우를 하게 됩니다. 그런 브리턴인이 많이 정착해 살았던 곳이 웨일스, 콘월, 호수지대로 알려진 컴브리아 지방, 그리고 스코틀랜드입니다.

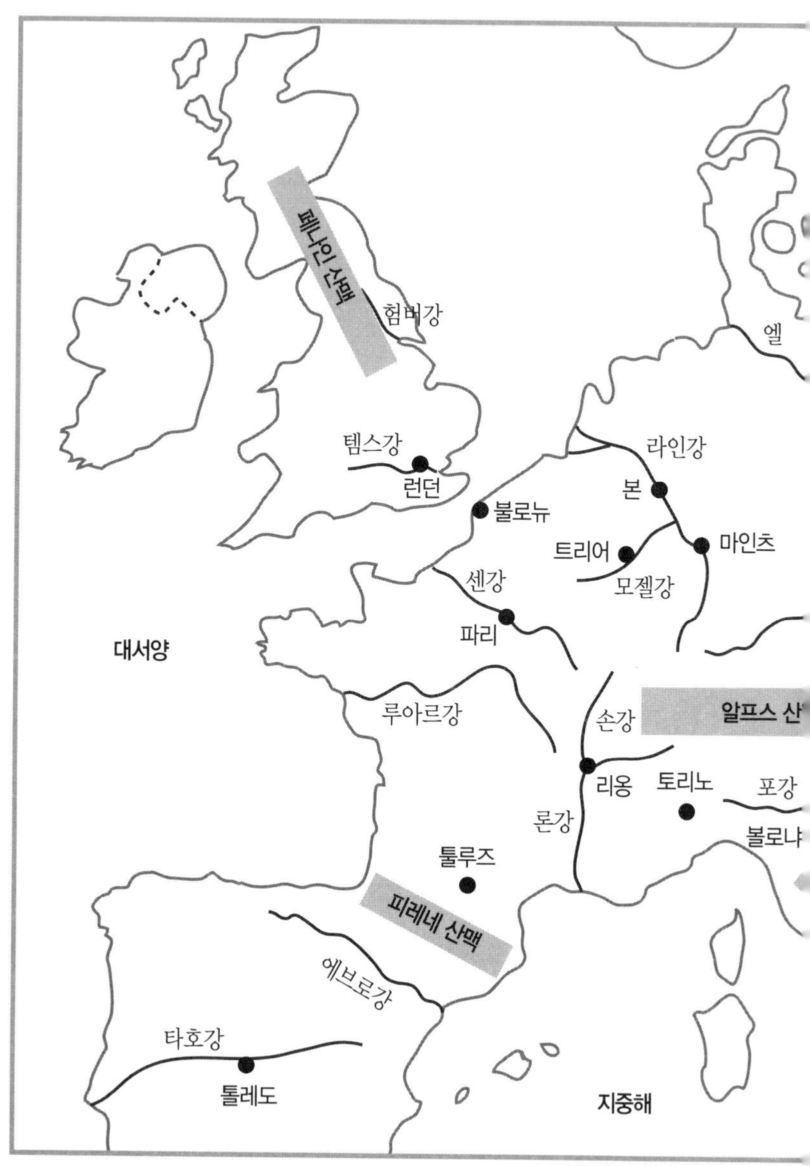
페나인 산맥
험버강
엘
템스강
라인강
런던
본
불로뉴
트리어
마인츠
센강
모젤강
파리
대서양
루아르강
손강
알프스 산
리옹
토리노
포강
론강
볼로냐
툴루즈
피레네 산맥
에브로강
타호강
톨레도
지중해

켈트어에서 B

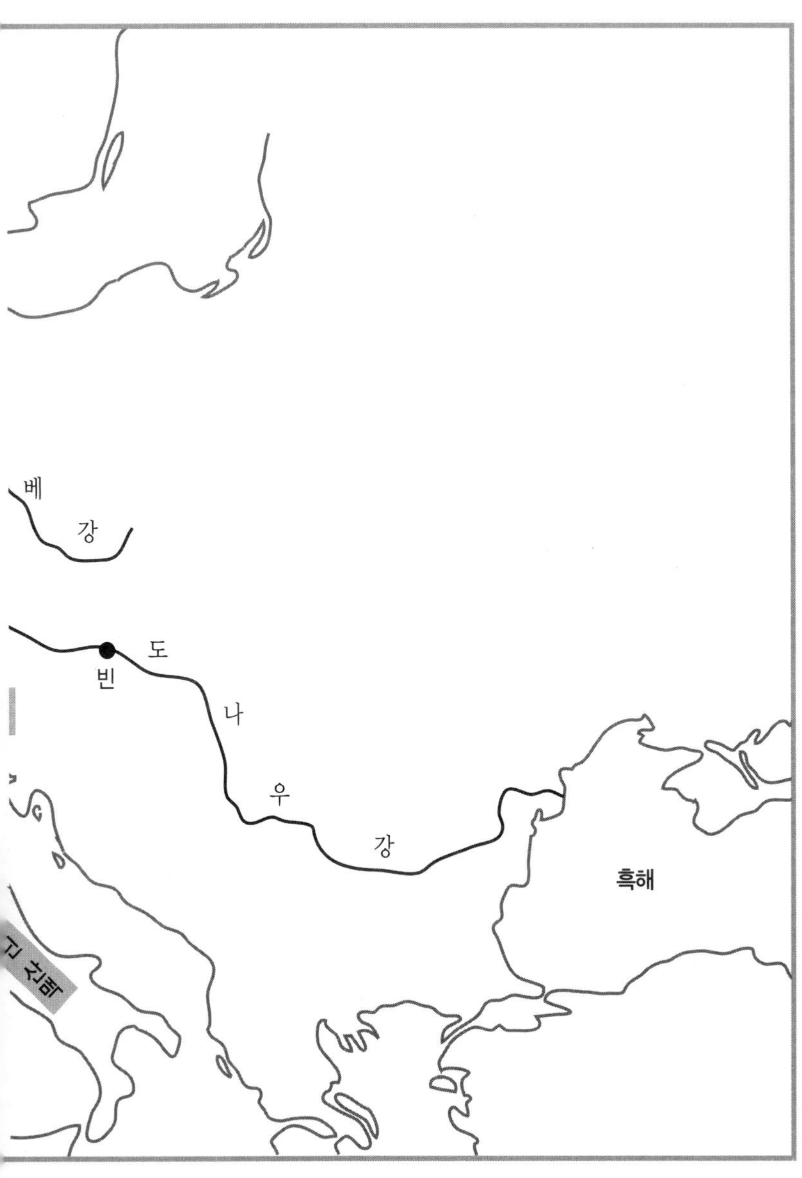

된 주요 지명

영국에는 켈트인을 뜻하는 지명이 여기저기에 남아 있습니다. 전형적인 예가 웨일스(Wales)입니다. Wales는 앵글로색슨어 wealas가 어원인데, 이 말은 '타관 사람들'이라는 뜻이었습니다. 『앵글로색슨 연대기』에서는 브리턴인을 wealas라 부르고 있습니다. '브리턴인'과 '농노'는 비슷한 말로 쓰이고 있었습니다. wealas는 앵글로색슨인이 대륙에 있을 때에 이미 쓰이고 있던 말로, 로마인이 썼던 갈리아(Gallia : 원래 뜻은 외국인의 토지)와 동족어입니다.

콘월(Cornwall)의 -wall도 역시 wealas가 어원입니다. Corn-의 원래 뜻은 '반도'이므로 이 지역명의 원래 뜻은 '타관 사람들의 반도'라 해석할 수 있습니다. 이 반도에는 콘노비족(Cornovii)이라는 브리턴인이 살고 있었습니다. 이 부족명의 원래 뜻은 '반도의 주인'입니다. corn-은 라틴어 cornu(뿔)와 동족어입니다.

영국 지명에는 월튼(Walton), 월콧(Walcot), 월워스(Walworth), 월든(Walden), 월퍼드(Walford), 월링턴(Wallington), 월러시(Wallasey) 등 Wal-이나 Wall-을 구성요소로 갖는 곳이 여기저기에 있습니다. 대부분은 브리턴인의 집락이라는 뜻이었습니다. 제1요소가 사람 이름으로 쓰이고 있었을 가능성도 있는데, 그런 경우에도 '브리턴인', '타관 사람'이라는 뜻에서 사람 이름이 되었으리라 여겨지고 있습니다.

Wal-을 갖는 지명 가까이에서는 때때로 로마인의 유적이 발견되곤 합니다. 예를 들면 노퍽에는 월콧이라는 마을이 있고, 노샘프턴에도 월콧이라는 마을이 있는데, 이 마을들은 로마의 유적에서 2킬로미터 정도 밖에 떨어져 있지 않습니다. 이로 미루어보아 로마인의 요새나 빌라 근처에 앵글로색슨인이 들어가서 근처에 있던 브리턴인의 집락을 그렇게 불렀으리라 여겨지고 있습니다.

중세 초기에 컴브리아(Cumbria)는 웨일스를 나타내는 말로 쓰였습니다. 어원은 웨일스어인 cymry입니다. 이 말은 웨일스 사람들이 자신들을 부르던 말로, 원래 뜻은 '동료'나 '같은 나라 사람'이었습니다. 그런데, 앵글로색슨인이 브리턴인을 wealas라 부르고, 토지를 웨일스라고 부르게 되어, 그 북쪽의 브리턴인이 많은 지방을 컴브리아라고 부르게 되었던 것입니다. 그것은 cymry에서 파생한 라틴어형 지명입니다.

컴브리아는 경치가 아름답기로 소문난 지방입니다. 산지가 많고 땅이 척박해서 대부분의 땅이 농사에는 알맞지 않으며, 원래는 석재를 캐거나 소규모로 양을 치는 것말고는 산업이 없었습니다. 오늘날에는 흩어져 있는 호수와 주위의 산들, 스톤 헷지에 둘러싸인

컴브리아 지방 풍경.

목초지 등이 만들어낸 경관을 관광자원으로 삼고 있습니다.

Scotland의 Scot-는 로마인이 아일랜드인을 뜻하는 말로 썼던 스코티(Scotti)가 어원입니다. 오늘날의 스코틀랜드는 옛날에는 칼레도니아(Caledonia)라 불리고 있었습니다. 5세기에서 6세기에 걸쳐 북부 아일랜드에서 많은 사람들이 옮겨와서 '스코티의 토지'라는 뜻으로 스코틀랜드라 불리게 되었습니다.

로마인들은 칼레도니아인을 용맹스러운 숲의 거주자라며 무서워했습니다. 이 지명의 어원은 분명치 않지만, 켈트어인 kald(숲)가 어원일 것이라는 설이 있습니다. 칼레도니아는 오늘날에는 스코틀랜드를 멋스럽게 부르는 이름으로 쓰이고 있습니다.

카이사르는 "브리탄니인은 모두 대청으로 신체를 물들여 푸른색을 띠고 있어서, 전투 때는 무서운 존재로 보인다"(『갈리아 전기』 Ⅴ · 14)고 쓰고 있습니다. 로마인은 잉글랜드를 정복한 뒤로 하드리아누스 방벽(영국 잉글랜드 북부의 컴브리아 · 노섬벌랜드 · 타인위어의 고대 방위시설. 로마의 하드리아누스 황제가 픽트족을 몰아내고 국경을 확고히 하기 위해 쌓았다 ― 옮긴이) 북쪽에 살며 몸에 색깔을 입힌 원주민을 픽티(Picti)라고 부르게 되었습니다.

잉글랜드의 맨체스터 근처 피트층에서 발굴된 미라인 린도맨(Lindow man)이 대영박물관에 전시되어 있습니다. 그것을 보면 전체적으로는 갈색이 많이 섞인 색을 하고 있는데, 화학적 분석을 해본 결과, 살아 있을 때 그 사람은 선명한 청색이 몸에 입혀져 있었으며, 기원 1세기에서 2세기 사이에 산제물로 바치기 위해 죽임을

1985년에 발견된 린도맨.

당했음을 알 수 있었습니다.

프랑스 중앙부의 도시 푸아티에(Poitiers)는 색깔을 입힌 종족을 뜻하는 라틴어 픽토네스(Pictones)에서 비롯된 지명입니다. 대륙의 켈트인도 역시 신체를 청색으로 꾸몄음을 이 지명에서 알 수 있습니다.

켈트인의 힐포트

카이사르는 『갈리아 전기』(V · 21)에서 '브리탄니인은 장애물이 많은 숲을 보루로 튼튼하게 해서는 그것을 마을이라 불렀으며, 적의 침입을 피해 거기에 모이는 것이 일상적이었다' 고 쓰고 있습니다. 이렇게 보루로 튼튼하게 한 곳을 브리턴인은 dun이라 불렀습니다. dun의 원래 뜻은 언덕(hill)입니다. 언덕에는 가끔 카이사르가 쓴 것 같은 보루가 쌓아져 있었던 데에서 요새(hillfort : 힐포트)라는 뜻으로 쓰이게 되었습니다.

힐포트는 글자 그대로 하면 '언덕 위의 울타리'입니다. 그러나 평지에 쌓은 예도 많은데, 그럴 때는 주위에 토루를 두르고, 나무선반을 걸치고, 선반 안팎으로는 도랑을 둘러쳤습니다. 토루는 이중, 삼중으로 둘러친 곳이 많았습니다. 그곳은 울타리이자, 장터이자, 집회장소이자, 종교적 제의가 집행되는 곳이기도 했습니다.

부족 사람들의 공적인 생활은 힐포트를 중심으로 이루어졌습니다. 켈트인은 도시를 쌓아올리지 않고, 이런 힐포트를 중심으로 한 집락에 흩어져 살고 있었던 것입니다. 로마인은 제국 모든 지역에 크고작은 성채나 요새를 쌓았는데, 그것들도 대부분 켈트인이 만든 힐포트를 보강하거나 확충한 것이었습니다.

스코틀랜드 남동부에 있는 던바(Dunbar)나 북웨일스의 스노든(Snowdon) 등 Dun-이나 -don은 켈트어 dun이 어원입니다.

던바(Dunbar)의 -bar는 '언덕'을 뜻하는 말입니다. 포스만(灣) 입구에 있는 이 마을에는 눈아래의 항구를 드나드는 배나 포스만을

던바성.

스노도니아 풍경.

항해하는 배를 감시하기 위한 요새가 있었습니다. 이윽고 성이 지어졌지만, 그 성은 1650년에 찰스 1세를 처형하고는 스코틀랜드에서 왕을 선언했던 찰스 2세를 공격해온 크롬웰군이 파괴해버리고 말지요.

웨일스의 스노든 일대는 스노도니아(Snowdonia) 국립공원이 되었는데, 빙하로 사라진 깊은 계곡에 호수가 점점이 흩어져 있는 곳입니다. 이 지방에는 높고 황량한 산들이 있는데, 4월말이 되어도 눈을 얹고 있는 그 모습에는 '언덕' 이라고는 부르기 어려운 험준함이 있습니다.

북서 아일랜드의 도니걸(Donegal)의 Done-도 켈트어 dun이 어원입니다. -gal은 갈리아(Gallia)의 Gall-과 같은 것으로 '외국인, 타관 사람' 이라는 뜻을 갖고 있었습니다.

이때의 '외국인' 이란 바이킹을 가리킵니다. 아일랜드는 9세기 중반에 바이킹의 격렬한 공격을 받습니다. 도니걸만(灣)에서 안강

(Erne)을 거슬러 올라가는 루트는 837년에 바이킹의 지배 아래로 들어가고, 깊숙한 후미 여기저기에 요새가 지어졌습니다.

오늘날에도 아일랜드를 여행하면 여러 군데의 곳에서 크고작은 요새터를 볼 수 있습니다. 폐허가 된 요새는 대개 잉글랜드에서 쳐들어온 노르만인이 고쳐짓거나 다시 쌓았는데, 그 땅에서 난 돌을 썼으므로 아주 튼튼했습니다.

런던 남쪽에서 캔터베리 가까이에 걸쳐서 노스 다운즈(North Downs)라는 산계(山系, 둘 이상의 산맥이 서로 밀접한 관계를 가지고 한 계통을 이룬 것. 히말라야 산계, 알프스 산계 등 ─옮긴이)가 있고, 더 남쪽에는 사우스 다운즈(South Downs)라는 산계가 있습니다. 이들의 Downs도 켈트어 dun에서 바뀐 것입니다. 또한 런던 남쪽의 구릉지대에서 서쪽의 콘월에 걸쳐서는 석회암층이나 백악층 구릉지대가 이어지는데, 이 주변에 다운엔드(Downend), 다운헤드(Downhead), 다우넘(Downham), 다운턴(Downton) 같은 지명이 있습니다. 이들 지명의 제1요소 Down-은 거의 모두가 켈트어 dun이 어원입니다.

글렌과 로크의 호박빛 물

지명의 구성요소로 쓰이고 있는 glen(글렌)은 브리튼섬이나 아일랜드에서 쓰이고 있던 켈트어계 게일어 gleann이 어원으로 '깊은 계곡'을 뜻하는 말입니다. 지명으로서의 글렌이라는 철자는 Glen, Glin, Glyn, Glan, Glain 등 다양합니다.

글렌은 북웨일스나 잉글랜드의 호수지방, 그리고 스코틀랜드의 하일랜드 지방에도 보입니다. 잉바네스 북서쪽은 하일랜드 지방에서도 특히 높은 산들과 깊은 계곡인 글렌이 많은 곳인데, 그들 글렌에는 가늘고 긴, 크고작은 로크(호수)가 흩어져 있습니다. 주변 산들은 온통 히스로 덮여 있고, 계곡의 피트층을 내려온 물을 담은 호수인 로크는 호박(琥珀)빛을 띠곤 합니다.

위스키(whiskey, whisky)는 게일어에서 기원한 말로 원래 뜻은 '물'인데, 로크의 수면을 보면 하일랜드 사람들에게 자연의 물이란 그야말로 위스키 빛깔임을 실감할 수 있습니다. 비가 많은 시기에는 마시는 물조차도 엷은 호박빛이 되지요.

애수를 띤 아름다운 스코틀랜드 민요에서 노래되었던 로크 로몬드(Loch Lomond)는 하일랜드 지방 남부에 있는 가늘고 길며 커다

로크 로몬드와 주변 풍경.

란 호수인데, 남북 길이가 39킬로미터로 브리튼섬에서 가장 긴 로크(호수)입니다. 게일어에서 기원하는 loch는 라틴어에서 기원하는 lake(호수)와 동족 언어입니다.

Lomond의 어원은 그곳 주변에 많은 느릅나무를 뜻하는 말이 아닐까 여겨지고 있습니다. 그것이 이 로크로부터 치솟듯이 서 있는 산의 이름이 되고, 그 산이 비상사태를 알리는 봉화를 올리는 곳으로 쓰였던 것에서, Lomond가 '봉화'라 해석되게 되었습니다. 씨족(클랜)들의 항쟁 때나 잉글랜드로부터의 공격을 맞이했을 때, 남(南)하일랜드에서는 높은 산에서 솟아오르는 봉화가 가장 확실한 통신수단이었습니다.

괴물 소동으로 유명한 네스호를 로크 네스(Loch Ness)라고 합니다. 이 로크도 긴 글렌의 밑바닥에 생긴 38킬로미터의 호수이며 가장 깊은 곳은 200미터나 됩니다. Ness의 어원은 고대 북유럽어라 여겨지며 뜻은 '곶'입니다.

네스호의 괴물에 관해서는 이오나섬의 사제인 애덤넌(재위

네스호의 성 **콜룸바**.

679~704)이 쓴 『성 콜룸바전』(Life of St. Columba)에 처음으로 씌어 있습니다. 그에 따르면, 성 콜룸바가 네스호 옆을 지나가고 있을 때 마을 사람들이 탄식하고 슬퍼하며 동료를 묻고 있었습니다. 이야기를 들어본즉, 네스호에 사는 괴물이 그 남자를 때려죽였다는 것입니다. 그 말을 들은 성 콜룸바는 곧바로 시중꾼에게 호수에서 헤엄을 치라고 말합니다. 그러자 괴물이 나타났습니다. 그 때, 콜룸바가 하늘에 십자가를 긋고는 신의 이름을 부르며 사라지라고 말하자, 괴물은 공포에 벌벌 떨며, 헤엄치고 있던 시중꾼에게 상처를 입히지 않고 마치 끈에 매여 끌려가듯 호수 밑바닥으로 모습을 감추지요(II · 27).

2.
켈트계 지명을 가진 도시

파리의 기원과 몽마르트

켈트어에서 비롯된 도시 이름 가운데 대표적인 것에 파리(Paris)가 있습니다. 이 지명은 켈트의 부족명 파리시(Parisii)가 어원입니다. 이 부족의 일부는 브리튼섬의 요크셔 동부로 옮겨갔던 것으로 알려져 있습니다.

파리시는 켈트어 par(배)에서 유래한다고 여겨지고 있으며, 그것이 파리의 문장(紋章)에 나타나 있습니다. 문장 디자인은 몇 개가 있지만, 파리시청(Hôtel de Ville) 현관문에는 거센 파도에 시달리면서 한 장의 넓은 돛을 올리고 센강을 거슬러오르는 갈레선을 넣은 것이 끼워져 있습니다. 2층의 몇 개나 되는 창에 장식된 문장에는 라틴어로 Fluctuat nec mergitur라 씌어 있습니다. 그것은 '거센 파도에 시달리되 침몰하지 않고' 라고 번역할 수 있습니다.

파리시족은 센강 연안에 살았으며, 중주(中州)의 섬을 비상시에 도망치는 요새로 쓰고 있었습니다. 기원전 58년에 카이사르가 이 땅을 정복하고, 파리시족 일파의 이름에서 루테티아(Lutetia)라 이름 붙였습니다. 로마인도 이 중주의 섬을 천연 요새로 이용했는데, 이 섬은 기원 275년에 게르만계 부족이 파괴시켰습니다. 그 뒤 로마인이 튼튼한 성벽을 건설하고는 시테(Cité)섬이라 부르게 되지요. Cité는 civitas(키비타스 : 로마화된 부족의 도시)에서 변화한 것입니다. 그리고, 이 시테섬을 중심으로 한 주변 마을을 파리(Paris)라고 부르게 됩니다.

파리가 발전하게 된 것은 프랑크 왕국을 건설한 클로비스(Clovis I, 재위 481~511)가 방위에도 적합하고 수상운송의 요충이기도 했던 이 땅을 중심도시로 정한 뒤라고 할 수 있습니다. 착실한 발전을 이루게 된 것은 카페가가 987년에 파리를 왕국의 수도로 정하고부터입니다.

이 주변의 켈트인이 어떤 신앙을 갖고 있었는지를 엿볼 수 있는 지명으로, 파리의 환락가로 알려진 몽마르트(Montmartre) 언덕과 그 북쪽의 생 드니(Saint-Denis)가 있습니다. 몽마르트에는 로마시대

파리시의 문장.

에는 메르쿠리우스 신전이 있었습니다. 메르쿠리우스는 가축의 증
식을 관장하는 부와 행운의 신, 죽은 이의 영혼을 저승으로 데려가
는 신, 상업활동을 지켜주는 신으로 로마화된 갈리아인이 뒤에 언
급할 빛의 신 루와 동일시했던 신입니다.

몽마르트라는 지명은 '순교자의 언덕'(Mount of Martyr)이라는
뜻인데, 이 언덕은 프랑스의 수호성인 드니가 순교했다고 여겨지는
곳입니다. 전설에 따르면, 파리의 초대 주교인 성 드니는 이 땅에서
목이 잘려 순교했는데, 자신의 목을 들고 북쪽으로 10킬로미터나
떨어진 곳까지 걸어가서 쓰러졌습니다. 그리고, 그가 쓰러진 땅이
생 드니라 불리게 됩니다.

이 전설은 갈리아인들의 인두(人頭)숭배가 그리스도교의 성인전
에 받아들여진 것입니다. 그들은 인간의 머리가 영혼의 자리로서

몽마르트 언덕.

악마를 쫓는 영력을 가졌다고 믿고 있었습니다. 성 드니가 쓰러졌다고 여겨지는 땅에, 나중에 그에게 바치는 고딕 양식의 대성당이 세워졌고 그 대성당은 프랑스 국왕의 묘소가 되었습니다. 혁명의 희생이 되었던 루이 16세나 마리 앙트와네트도 생 드니 대성당에 묻혀 있지요.

성채도시 본, 불로뉴, 볼로냐, 빈

독일의 본(Bonn)이나 프랑스의 불로뉴(Boulogne), 이탈리아의 볼로냐(Bologna)는 갈리아 지방의 켈트어 bona(성채)에서 파생한 지명입니다. 오스트리아의 수도 빈의 라틴어명 빈도보나(Vindobona)에도 bona가 보입니다. 이들 도시는 모두 켈트인의 성채를 보강해 고대 로마가 주둔지로 삼았던 곳입니다.

옛 서독의 수도였던 본은 로마제국의 2대 황제 티베리우스가 라인강을 지키기 위해 성채를 쌓아올린 곳입니다. 그 성채에서 발전해서 식민도시가 되고, 나중에 라인강 중류지역을 통괄하는 행정도시가 되었습니다.

도버 해협에 면한 칼레 남쪽의 불로뉴(Boulogne-sur-Mer : 해변의 불로뉴)는 브리튼섬을 공격할 때에 자주 기지가 되었던 곳입니다. 기원전 55년에 카이사르가 1만 군대를 이끌고 브리튼섬으로 쳐들어갔을 때 불로뉴에서 그의 군대의 대다수가 집결했습니다. 다음해에 2만 5천 대군을 이끌고 브리튼섬에 원정했을 때도 거기서 출격했다고 여겨지고 있습니다. 기원 43년에 4만 로마군이 브리튼섬으로 쳐들어갔던 기지도 불로뉴였습니다. 그로부터 800년쯤 뒤에 잉글랜드는 두 번에 걸쳐(865년과 892년) 바이킹 대군의 침략을 받는데, 두 번째 대군이 250척의 함단으로 불로뉴에서 출격했다고 『앵글로색슨 연대기』에 씌어 있습니다. 오늘날의 불로뉴는 프랑스 최대의 어항이며, 도버행 페리가 드나드는 곳이기도 합니다.

또 하나의 불로뉴는 에펠탑에서 보았을 때 서쪽에 펼쳐진 대공원 불로뉴의 숲(Bois de Boulogne)으로 알려진 지명입니다. 항구도시 불로뉴에서 노트르담 대사원으로 순례하러 찾아든 시민들이 1308년에 당시 왕 필립 4세(재위 1285~1314)의 원조로 노트르담 대사원을 본뜬 교회를 세우고, 거기를 Boulogne-sur-Seine(센강 연안의 불로뉴)이라고 이름붙였습니다. 그런 까닭에 '불로뉴의 숲'이라 불리게 되었는데, 숲은 남북으로 길고, 동쪽은 파리 시가지에 닿아 있으며, 서쪽은 센강이 파리 중앙부를 흐른 뒤 크게 구부러져 북쪽으로 흐르는 곳에 면해 있습니다.

이탈리아의 도시 볼로냐는 옛날에는 보노니아(Bononia)라 불렸으며 켈트계 보이이(Boii)족이 머물러 살고 있던 땅이었습니다. 이 보이이족에게는 알프스 북쪽의 도나우강 연안에 사는 일파가 있어, 보헤미아(Bohemia)의 지명에 그 이름을 남기고 있습니다. -hemia는 home과 동족어이며, 이 지명의 원래 뜻은 '보이이족의 향토'입니다. 보이이족은 로마와 용감히 싸우지만 끝내는 카이사르에게 정복되었습니다.

빈 주변은 도나우강에 의한 동서교통로와 '호박(琥珀)의 길'의 교차점이라 할 만한 곳이었습니다. 판노니아라 불렸던 헝가리 분지에의 입구가 되는 전략지점인 동시에, 비스와강 상류에 이르러 호박의 산지인 발트해 연안에 이르는 길이 예전부터 개척되어 있기도 했지요.

이 땅을 중시했던 로마인은 도나우강에 북쪽에서 모라바강이 합쳐지는 지점의 몇 킬로미터 서쪽에 튼실한 성채 카르눈툼을 짓고 군단을 주둔시켰습니다. 빈도보나(오늘날의 빈)는 티베리우스가 군단주둔지를 측면지원하기 위한 보조부족의 주둔지로서 45킬로미터쯤 서쪽에 쌓아올렸으며, 곧이어 황제가(家) 직속군단의 주둔지가 되었습니다. 게르만계 마르코만니족 대책이 건설의 이유였습니다. 그 뒤에 마르코만니족은 게르만인 무장 아르미니우스에게 져서 로마의 보호를 청합니다. 그러나, 2세기 후반에는 다시 로마와 싸우게 되고, 철학자 황제로 알려진 마르쿠스 아우렐리우스(재위 161~180)는 그들과의 싸움을 지휘하기 위해 머물고 있던 빈도보나에서 눈을 감습니다.

Vindobona의 Vindo-는 도나우강으로 남쪽에서 흘러드는 작은 강인 빈강(Wien)을 말하는 것으로, 빈은 독일어로는 빈(Wien)입니다. 빈의 랜드마크인 슈테판 대성당은 도나우강(현재 도나우 운하)과 빈강의 합류점 남안(南岸)에 쌓아올려진 로마의 군단주둔지의 터 바로 남동쪽에 있습니다.

빈은 이처럼 로마의 성채도시로서 역사에 등장하고, 오늘날의 오스트리아를 구성하는 속주 노리쿰의 주도(州都)로서 발전했습니

다. 노리쿰은 켈트인의 왕국 이름이었는데, 이 왕국의 잘츠부르크
(Salzburg)는 소금의 생산과 교역으로 번영했습니다. 잘츠부르크의
동남동쪽에 있는 할슈타트의 묘지에서 나온 발굴물은 켈트 문화의
번영을 엿볼 수 있는데, 그런 번영이 가능했던 것도 소금 덕분이었
습니다.

빈은 서로마제국의 붕괴와 더불어 쇠퇴합니다. 그러나, 오토 대
제(재위 962~973)가 마자르인으로부터 이 땅을 빼앗은 뒤로 신성로
마제국의 동쪽 영토의 중심지가 되어 다시 발전하기 시작했습니다.
특히, 이 땅에 세력을 갖고 있던 합스부르크가가 신성로마제국 황
제 자리를 대대로 독차지하게 되어 '유럽의 예술수도'라고 불릴 정
도의 문화도시로 발전합니다. 그 정점은 마리아 테레지아(재위
1740~1780)의 시대였습니다. 오스트리아(Austria)는 샤를마뉴의 서
로마제국의 '동방 국경지역'이라는 뜻에서 붙여진 라틴어 Marchia
austriaca가 어원입니다. marchia는 '경계지'이고, austriaca는 고대
고지 독일어 Ostarrihi(동쪽 지방)가 어원입니다. 오늘날 오스트리아
의 독일어명은 외스터라이히(Österreich)인데, Öster-는 영어의
eastern(동쪽의)에 해당하는 말입니다.

툴루즈와 톨레도

남프랑스의 툴루즈(Toulouse)나 스페인의 톨레도(Toledo)는 켈트
어 tol(hill : 언덕)이 어원인 지명입니다.

툴루즈는 피레네 산맥에서 흘러나온 가론강 연안의 도시로 파

리, 마르세이유, 리옹에 이어 프랑스의 네 번째 대도시입니다. 서고트족은 지중해 지방을 거쳐 서쪽으로 옮겨간 뒤, 피레네의 북쪽에 정주하고, 415년에는 이 툴루즈를 거점으로 해서 루아르강 남쪽에서 이베리아 반도 전역에 이르는 서고트 왕국을 성립시켰습니다.

가론강은 와인 산지로 유명한 보르도를 거쳐 지롱드강이 되어 대서양으로 흘러듭니다. 툴루즈까지는 배로 거슬러올라갈 수 있었으므로, 그 땅이 지중해와 대서양과의 중계점이 되었습니다. 페니키아인이나 그리스인이 활약했던 시대에는, 대서양쪽의 보르도에서 툴루즈를 거쳐 지중해의 나르본에 이르는 루트는, 브리튼섬의 주석을 운반하는 루트 가운데 하나이기도 했습니다.

툴루즈라는 지명이 '언덕'에서 유래하고, 그때의 '언덕'은 피레네 산맥이라고 해석하는 설이 있습니다. 그러나, 피레네 산맥은 툴루즈에서 훨씬 저편에 있어 그 설에는 무리가 있는 것 같습니다. 오히려, 가론강의 홍수 피해를 받지 않는 정도의 약간 언덕진 곳에 쌓아올려진 힐포트라고 생각하는 것이 설득력이 있습니다. 톨루즈의 고지도를 보면 앞쪽은 가론강이고, 주위는 가론강의 물을 끌어들인 해자에 둘러싸여 있는 모습을 잘 알 수 있습니다. 이 땅에 로마인이 요새를 만들고 톨로사(Tolosa)라 불렀으며, 그것이 시대와 더불어 바뀌어서 툴루즈가 되었던 것입니다.

툴루즈는 중세 후반에 프랑스에서 성지 산티아고 데 콤포스텔라로 순례하는 순례자들이 모이는 곳으로서도 번창했습니다. 오늘날에도 교회, 수도원, 호스피스, 호텔, 병원 등이 생 자크(Saint Jacques

: 성 야고보)의 이름을 딴 이름이 많이 있습니다. 특히 유명한 것이 자코뱅 수도원이지요.

스페인의 옛 도시 톨레도(Toledo)는 이베리아 반도를 가로질러 리스본으로 흘러드는 타호강 연안의 바위언덕에 건설된 성채였습니다. 건너편 기슭에서 보면 완만하게 구부러져 흐르는 타호강 협곡에 시역(市域)의 절반이 둘러싸여 있어서 바위언덕에 세워진 성채도시였음을 잘 알 수 있습니다.

이 성채도시는 기원전 193년에 로마에 정복되어 식민시가 되었습니다. 그리고, 서로마제국이 멸망한 뒤로는, 프랑크족의 세력에 눌려 이베리아 반도로 옮겨온 서고트족이 560년에 톨레도로 거점을 옮기고부터 발전하기 시작했습니다. 이후, 711년에 이슬람교도에 의해 서고트 왕국이 멸망하기까지 수도로서 번영했습니다.

서고트 왕국이 멸망하고 곧이어, 이베리아 반도의 가장 북부인

톨레도 풍경.

아스토리아스 지방의 그리스도교 세력이 국토회복운동(reconquista)을 시작합니다. 그것은 서고트 왕국 재흥운동이라 부를 수 있는 일이었고, 톨레도는 중요한 탈환목표지가 되었습니다. 그리고 1085년에 카스티야 왕국이 톨레도를 탈환한 뒤로는 정치와 문화의 중심도시가 되었고, 서유럽에서 수많은 학자가 모여들어 그리스와 아랍의 학문이 왕성하게 연구되었습니다. 그리고, 그것은 서유럽의 12세기 르네상스의 계기의 하나가 됩니다.

오늘날에도 톨레도를 찾아가보면 알카사르라 불리는 대궁전의 위용을 볼 수 있습니다. 이 궁전은 톨레도를 수도로서 중시했던 카

알카사르 800년 동안 이베리아 반도를 차지하고 있던 이슬람교도를 몰아내기 위해 13, 14세기에 지은 건축물. 알카사르란 스페인어로 '성'이라는 뜻이다. 톨레도의 알카사르와 세비야의 알카사르가 유명하다. 직사각형으로 지어졌으며 네 귀퉁이에는 각각 탑이 있고, 한가운데에는 파티오(중정)와 예배당 등이 들어서 있다. 세비야의 알카사르(아래 왼쪽)는 동화적인 아름다움으로 유명하며, 월트 디즈니의 애니메이션 「백설공주」 배경으로도 쓰여 우리에게도 친숙하다. 톨레도의 알카사르(아래 오른쪽)는 전쟁 때에 여러 번 파괴되었다가 복구되었으며 현재 군사 박물관으로 쓰고 있다.

를로스 1세가 지었으며, 마드리드(Madrid)가 스페인의 수도가 된 것은 필리페 2세(재위 1556~1598)가 궁정을 톨레도에서 옮긴 다음입니다.

800년에 이르는 국토회복운동 기간에 주요한 전쟁터가 되었던 스페인의 중앙부에는 헤아릴 수 없을 정도의 요새들이 만들어졌고, 그것은 이 지방의 풍경을 특징짓게 되었습니다. 카스티야(Castilla)는 라틴어 castellum(요새)의 복수형 castella가 어원입니다.

이 지방은 또한 라 만차(La Mancha)라 불리는 곳이기도 합니다. 라 만차란 '건조지'를 뜻하는 아랍어가 어원입니다. 코르도바에서 마드리드에 이르는 지방은 내륙의 고원지대로 여름에는 거의 비가 내리지 않고 기온은 섭씨 45도까지 올라가는 바싹 건조한 곳입니다. 오늘날에는 관개시설이 갖춰진 스페인 최대의 포도 산지이며 고속도로에서 보면 포도밭이 한없이 이어져 있지요.

링컨과 그 주변

영국의 링컨(Lincoln)은 로마의 군단이 설치되었던 성채였다가 퇴역군단병의 식민시가 되었던 곳입니다. 라틴어명은 린둠 콜로니아(Lindum Colonia)이며, 이것이 둔화되어 오늘날의 지명이 되었습니다. Lindum은 브리튼어 lyn(물웅덩이)과 dun(요새)으로 이루어졌으며 습지 옆의 요새를 뜻하는 지명이었습니다. 링컨에는 보스턴을 거쳐 워시만으로 흘러드는 위텀강이 흐르고 있습니다.

로마시대에는 오늘날의 보스턴에서 링컨까지가 깊은 후미였으며, 주변은 소택지였습니다. 군단의 주둔지가 되려면 보급이나 상업활동을 위한 물길이 있어야 했고, 주위를 멀리까지 내다볼 수 있는 작고 높은 언덕도 있어야 했습니다. 링컨에는 석회암 언덕이 있었고, 수상운송도 편리했습니다.

오늘날, 그 석회암 언덕에는 장려한 링컨 대성당이 우뚝 솟아 있습니다. 앵글로색슨인이 들어왔을 무렵에는 주위에 둘러쳐졌던 시벽은 무너지고, 해자(성 둘레에 도랑처럼 판 못 —옮긴이)도 파묻혀 버린 곳이 많았습니다. 그들은 정주가 진행되어 생활이 안정되자 로마인이 남긴 건물을 이용하고 벽을 복구해서 썼습니다. 그 다음으로 링컨을 지배한 바이킹들은 링컨을 자치도시인 버러(borough)로 발전시켰습니다. 노르만 시대인 1072년에 건축이 시작된 성당은

링컨 대성당.

로마의 성채 안에 지어진 것입니다.

로마 시대의 링컨은 특히 번영했던 식민시였습니다. 링컨도 런던에서 피터버러를 거쳐 요크로 이어지는 어민 스트리트와 엑시터에서 링컨으로 통하는 포스 웨이가 교차하는 지점에 있습니다. 요크와는 트렌트강과 위덤강을 잇는 운하로 연결되고, 남쪽의 피터버러와는 소택(늪이 많은 땅 — 옮긴이)을 이용한 운하로 연결되어 있었습니다.

대성당 언덕에서 남쪽으로 내려가면 위덤강의 늪지대를 이용해 만든 선착장인 브레이퍼드 풀(Brayford Pool)이 있습니다. 트럭이 배대신에 운송수단의 중심이 된 오늘날에는 모터 보트나 거룻배의 정박장이 되었습니다. 그러나, 19세기 중반 무렵의 회화에는 돛을 단 운송선이 몇 척이나 정박하고 있는 풍경이 그려져 있습니다.

브리튼어 lind-를 가진 지명으로는 그밖에도 린지(Lindsey)나 린디스판(Lindisfarne) 등이 있습니다. Lindsey는 lindes(소택 옆의 요새)와 앵글로색슨어 eg(섬)로 이루어진 지명입니다. 이 지명은 링컨의 석회암 언덕을 뜻하는 지명이었습니다. 8세기 말까지 링컨셔 북부에 있었던 앵글로색슨인의 왕국도 린지라 불렸는데, 그것은 '린지 사람들의 왕국'이라는 뜻이었습니다.

오늘날, 예전의 왕국명은 링컨셔 북부의 지방명으로 사용되고 있습니다. 이 지방에 바이킹이 많이 정주했음은 뒤에 쓸 -by 등의 지명 어미가 특히 많다는 사실에서 알 수 있지요.

Lindisfarne의 -farne은 앵글로색슨어 faran(여행자들)이 어원이라고 여겨지며, 예전에 린지에서 많은 순례자들이 찾아들었던 사실에서 이런 지명으로 불리게 되었다는 설이 있습니다. 그러나, 그 고장 사람들은 farne은 소택지에 떠 있듯이 있는 몇 개의 섬을 합쳐서 부르는 이름이라는 설을 받아들이고 있습니다. 린디스판 남쪽에 판 제도(Farne Islands)라고 불리는 군도가 있습니다.

잉글랜드의 북단에 가까운 린디스판은 오늘날에는 홀리 아일랜드(Holy Island)라 불리고 있습니다. 이오나의 성 콜룸바의 제자들이 린디스판에 수도원을 세웠습니다. 이 수도원은 뒤에 쓸 성 커스버트 등 대륙 순례길에 오른 훌륭한 수도사들을 배출하여 많은 순례자들이 모여들게 되었습니다.

3.
켈트인의 신앙과 지명

빛의 신 루와 리옹

유럽의 널따란 지역에 살고 있던 켈트인은 카이사르가 썼던 대로 언어도 제도도 법률도 제각각이었습니다. 그러나, 로마인이 보면 자연숭배적 종교를 갖고 있다는 점에서 닮아서, 그들의 종교를 로마인은 '드루이드교' 라고 불렀습니다. 드루이드(druid)란 켈트인의 말로 '오크를 아는 이' 가 원래 뜻입니다. 대(大) 플리니우스는 '갈리아의 드루이드는 겨우살이가 있는 오크만큼 신성한 것은 없으며, 겨우살이는 하늘이 주신 선물이며, 그것이 깃든 오크는 신이 선택하신 나무라고 생각하여 그런 오크를 쓰지 않고 의식을 행하는 일은 없다' 고 쓰고 있습니다(『박물지』 XVI · 249).

자연숭배의 대상으로 켈트인은 여러 가지 '영(靈)' 을 생각했습니다. 대표적인 것이 빛의 신 루이고, 또한, 인간에게 모든 기술과 지혜를 가져다준 모신 브리깃이었습니다. 유럽의 교회에서 입에서 나

뭇가지와 잎이 나오고 있는 사람의 얼굴상을 볼 적이 있습니다. 그린맨(Green Man)이라 불리는 이들 상도 오크같은 나무에 깃든 영을 나타내는 것으로, 드루이드교의 영향이라 생각할 수 있습니다.

프랑스 제3의 도시 리옹(Lyon)은 라틴어로는 루그두눔(Lugdunum : 루의 울타리)인데, -dunum은 힐포트를 뜻하는 켈트어 dun이 라틴어화한 것입니다. 루(Lug)는 켈트인이 믿던 빛의 신인데, 그 이름은 라틴어 lux(빛)나 Luna(달의 여신)와 동족어입니다. 루는 해돋이와 세월의 운행을 감시하고 모든 생명을 죽음으로부터 지키는 신이자, 풍요의 신, 군신이기도 했습니다. 로마인은 이 신을 천공신으로서 농업과 가장 깊숙이 관련되는 날씨를 주관하는 신 유피테르, 앞서 쓴 메르쿠리우스, 군신 마르스 등과 닮았다고 생각했습니다.

루는 아일랜드 신화에서는 반신반인 영웅 쿠쿨린의 아버지라 여겨지고 있습니다. 그는 표적을 결코 놓치지 않는 마법의 창을 갖고, 갈가마귀를 거느리고, 시를 지을 수도 있었습니다. 이런 속성은 북

그린맨.

유럽 신화의 주신 오딘을 꼭 닮았습니다.

루그두눔은 갈리아를 지배하는 데에 필요하다는 판단에 따라 카이사르가 기원전 43년에 부관에게 건설케 한 성채도시입니다. 이 성채는 손강(Saône)이 북쪽에서 론강과 합쳐지는 지점에 있었습니다. 손강쪽의 푸르비에르 언덕의 중턱, 리옹을 내려다보는 곳에 멋진 원형 경기장 유적이 남아 있습니다.

리옹에서 파리행 열차에 올라 한참을 가면 와인으로 유명한 부르고뉴의 보졸레 산지에 접어듭니다. 그 산지를 지나고나면 그 뒤로는 루아르강과 센강 유역의 한없이 평지가 이어지는 풍요로운 농토입니다. 리옹은 손강, 모젤강을 따라 트리어를 거쳐 라인강에 이르는 남북 도로의 기점이자, 론강이 시작되는 제네바로, 센강을 따라 북갈리아로, 루아르강을 따라 중부 갈리아로 향하는 도로의 기점이기도 했습니다.

리옹은 로마제국의 성립과 더불어 갈리아에서의 황제 숭배의 중심지가 되었고, 빛의 신 루의 축일에 맞춰 신군(神君) 아우구스투스의 축제가 마련되었습니다. 4대 로마황제 클라우디우스는 기원전 10년 8월 1일에 태어났는데, 그 날은 수확물과 포획물을 바치고 축하하는 루 축제의 날이자 아우구스투스 축제의 날이었습니다.

모신 브리깃

켈트인의 신앙에서 비롯된 지명은 유럽에도 많지만 브리튼섬이나 아일랜드에서 특히 많이 볼 수 있습니다. 그 하나가 켈트인 사이에서 불과 물, 법률, 쇠불림(鍛冶), 약, 집의 수호신, 출산의 수호신, 그리고 시와 노래의 신으로 숭배되었던 여신 브리깃(Brigit)에서 비롯된 지명입니다. 브리깃은 기술과 지적 활동을 주관하는 여신이자, 제정로마시대에는 의료의 여신으로도 믿었던 미네르바를 닮은 여신이며, 가정의 수호신이자 기품있는 아름다움을 띤 유노적인 여신이기도 했습니다. 그 브리깃은 그리스도교화한 아일랜드에서는 아름다운 성녀 브리깃(St. Brigit)으로 숭배되었습니다. 성녀 브리깃은 게일의 마리아라고도 불리며, 아일랜드의 수호성인이 되었습니다. 켈트인의 신앙 속에 뿌리박힌 여신을 선교사들이 그리스도교로 끌어들여 성인화한 것입니다. 영어로는 성 브리깃(St. Bridget)이라 불리고 있습니다.

아일랜드 중부의 대서양안에 있는 모허의 절벽(Cliffs of Moher)은 관광지로 유명합니다. 그 모허 근처의 도로 옆에는 '성녀 브리깃의 샘'(St. Bridget' s Well)이 있습니다. 거기에는 마리아상이 있고,

모허의 절벽.

뒤에는 동굴같이 되어 있는 사당이 있으며, 그 안에서 샘이 솟아나고 있습니다. 사당 벽에는 소원을 적은 패가 많이 늘어뜨려져 있습니다. 이것은 브리튼섬이나 아일랜드의 옛 토속신앙인 브리깃 숭배와 마리아 숭배가 어우러진 전형적인 모습입니다.

브리깃 신앙이 지명으로 남아 있는 예로는, 켈트계 주민이 많았던 잉글랜드 북부 컴브리아 지방의 브라이드커크(Bridekirk)나, 역시 켈트계 주민이 많았던 데븐셔의 브리드스토(Bridstow) 등이 있습니다. 전자는 '브리깃의 교회', 후자는 '브리깃의 성소'가 원래 뜻입니다. 브리깃은 오늘날의 게일어로는 브리드(Brighid)가 된 점을 보아도 Brid(e)-와 Brigit이 가깝다는 것을 알 수 있습니다.

브리깃은 로마인이 갈리아의 미네르바라 불렀던 브리턴인의 여신 브리간티아(Brigantia)와 동일시되었습니다. 영국의 요크를 중심으로 세력을 갖고 있던 브리턴인 부족은, 로마인들이 브리간테스(Brigantes)라고 부르던 브리간티아를 숭배하는 부족이었습니다.

알프스에서 시작된 라인강이 보덴호(湖)로 흘러드는 하구의 오른쪽 기슭에 발달한 마을 브레겐츠(Bregenz)는 로마시대에는 브리간티움(Brigantium)이라 불리고 있었습니다. 이 주변은 카이사르가 『갈리아 전기』(I · 3)에서 '호전적이고 무용도 이름높다'고 썼던 갈리아인 헬베티아족의 토지였는데, 카이사르의 작전 뒤로 로마의 지배 아래로 들어갑니다.

보덴호로 흘러드는 라인강은 아직 상류임에도 불구하고 이미 큰 강의 모습을 갖추고 창백하고 탁한 물이 도도히 흐르고 있습니다.

스페인의 산티아고 데 콤포스텔라 북쪽에 있는 작은 마을 벨곤도(Bergondo)도 브리간티움이라 불리고 있었습니다. 이로 미루어 빛의 신 루와 마찬가지로 모신 브리깃(브리간티아) 숭배가 유럽에 퍼져 있었음을 알 수 있습니다.

열렬한 그리스도교 신앙을 말하는 아일랜드의 Kil-

아일랜드 지도를 펼쳐서 살펴보면 킬케니(Kilkenny), 킬패트릭(Kilpatrick), 킬브리드(Kilbride), 킬콜럼(Kilcolum) 등 Kil-을 가진 지명이 흩어져 있음을 깨닫게 됩니다. Kil- 뒤에는 성인 이름이 이어지는 것이 보통이며, 이들이 성소임을 나타내고 있습니다. 킬케니는 성 케네스의 교회, 킬패트릭은 성 패트릭의 교회, 킬브리드는 성 브리깃의 교회, 킬콜럼은 성 콜룸바의 교회가 있던 곳입니다.

Kil-은 영어의 cell(수도원 안에 있는 수도자 독방, 대수도원에 딸린 작은 여자 수도원)과 같은 어원의 말로, 라틴어 cella(저장실, 예배당)가 게일어화한 것입니다. 영어의 hall(홀)과도 동족이지요.

게르만 민족의 대이동에 의해 약탈당하고 파괴되어 대륙에서는 그리스도교 신앙을 지켜내기가 어려워지자 많은 수도승들은 아일랜드로 달아나 엄격한 수도를 통해 신앙을 지켜냈습니다. 거기서는 마침내 켈트적인 그리스도교가 번창하고, 학승들은 대륙을 향해 순례길에 올랐습니다. 아일랜드에 Kil-이라는 가진 지명이 많은 것은 아일랜드에서 그리스도교 신앙이 얼마나 열렬했는지를 나타내고 있습니다.

킬데어(Kildare)는 더블린 남서쪽 45킬로미터 가까이에 있는 마을입니다. 이 마을은 성녀 브리깃이 수도원을 열었던 곳으로 여겨지며 오늘날에는 영국국교회가 된 성당(Cathedral of St. Brigit)이 있습니다.

Kildare의 -dare는 오크(참나무)를 뜻합니다. 드루이드(Druid)라는 말 자체가 '오크를 아는 이'라고 여겨지듯이 이 지명은 드루이드 신앙과 깊은 관계가 있는 지명이었습니다. 앞에서도 썼듯이 브리깃은 드루이드 신앙에서 모신의 이름이지요.

아일랜드 출신의 성 콜룸바(521?~597)가 개설한 스코틀랜드의 이오나섬에 있는 수도원을 콜룸킬(Colmekill)이라고 합니다. 이 -kill도 Kil-과 같은 것이며, Colme-은 Columba의 게일어형입니다. 이 수도원은 스코틀랜드나 북부 잉글랜드에 그리스도교를 포교하는데

킬데어에 있는 성 브리깃의 성당.

근거지가 되었던 곳으로서 특히 성스러운 수도원으로 여겨져 왔습니다. 대대로 스코틀랜드왕의 묘소도 여기에 있습니다. 맥베스에게 살해당한 던컨왕도, 맥베스 자신도 이 수도원에 묻혀 있습니다. 「맥베스」 제2막 4장 끝에 던컨의 유해를 선조 대대의 묘지가 있는 콜룸킬로 운반했다는 뜻의 대사가 있습니다.

3장

패자 로마와 유럽의 도시

지중해 연안 지방을 시작으로 유럽 대륙의 대부분을 하나의 정치조직 아래서 다스린 것은 오직 로마제국뿐입니다. 초대 황제 아우구스투스는 오래 계속되었던 내전을 끝내고 표면적으로는 공화제를 유지했지만 사실은 제정을 펴면서 다양한 시책을 효과적으로 실행해 갔습니다.

내전에 시달리던 로마인은 제국의 성립으로 '로마의 평화'(Pax Romana)의 성과를 누릴 수 있게 되었습니다. 제국을 이끈 황제 아우구스투스는 열렬한 지지를 얻어 신격화되었습니다. 그러나, 그런 상황에 대해 타키투스는 "로마의 정치 체제가 바뀐 뒤로는 그때까지의 오래되고 훌륭한 관례는 모조리 사라졌다. 모두들, 정치적 평등을 박탈당하면서도 원수(元首)의 명령을 공손히 듣고 있으며, 현 상황에 대해 일말의 불안도 느끼고 있지 않았다"(『연대기』 I · 4)고 쓰고 있습니다.

1.
황제 아우구스투스에서 비롯된 지명

제국의 형성

아우구스투스의 업적 가운데 하나는, 속주를 정리해서 내전 중에 여기저기 난립했던 군사와 행정의 거점을 속주마다 하나씩으로 정리한 것입니다. 군단도 자신에게 충성을 맹세한 군단들만으로 정리했습니다.

로마의 문학자 스에토니우스는 「아우구스투스전」에 아우구스투스의 업적을 싣고 있습니다. 황제가 죽음을 예기하고 쓴 것의 요약인데, 그에 따르면 "나에게 군인으로서 충성을 맹세했던 로마시민은 약 50만명이다. 그 가운데 30만 이상의 병사가 만기제대할 때에, 나는 식민시로 보내주거나 그들의 출신 자치시로 돌려보냈다. 그리고 그들에게는 모두 토지를 나눠주거나 병역의 대가로 하사금을 내렸다"(『로마황제전』)고 되어 있습니다. 이것은 아우구스투스가 대대적으로 군단을 재편성하고 식민시를 정비했음을 알려주고 있습니

다. 그리고, 정비한 많은 식민시에는 아우구스투스의 이름이 붙여
졌습니다.

아우구스투스는 갈리아나 이베리아 반도를 수습하고, 게르마니
아 안정에 힘을 쏟고, 라인강 동쪽의 게르마니아로 깊숙이 쳐들어
가서 엘베강을 로마와 게르마니아의 국경선으로 삼으려 했습니다.
그러나, 그 시도는 실패하고 결국 도나우강과 라인강을 잇는 선이
사실상의 제국의 북쪽 경계선이 되었습니다. 브리튼섬은 4대 황제
클라우디우스가 정복하여, 마침내 이 섬에서의 제국의 북쪽 경계선
은 뉴캐슬과 칼라일을 잇는 하드리아누스 방벽이 되지요.

로마제국은 모든 지배지역에 다양한 성채와 요새, 식민시, 도로
를 건설했는데 그것들은 그 뒤 유럽의 발전에 커다란 역할을 했습
니다. 유럽 여러 나라가 형성되는 모습이나 문화적인 특징은 로마
가 그 나라와 어떻게 관련되어 있었는지에 따라 다르다고 할 수 있
습니다. 로마인이 발자취를 남긴 도시나 마을의 지명에 관한 이야
기 속에서 유럽의 형성에 얽힌 다양한 사실이 떠오르지요.

알프스 공략의 근거지, 토리노

비행기로 남쪽에서 밀라노쪽으로 가까이 가다보면 롬바르디아
평야 건너편에 하얀 봉우리가 쭉쭉 이어지는 알프스가 보입니다.
그것은 지상의 모든 교통수단을 가로막는 견고한 벽 같습니다. 실
제로 알프스 위를 날면 빙하의 계곡을 가진 봉우리 험준한 산들이
겹겹이 이어져서 그것을 더욱 강하게 느끼게 됩니다. 그러나, 알프

스를 넘는 길은 옛날부터 로마의 중요한 전략이었으며, 이탈리아의 손꼽히는 공업도시인 토리노(Torino)는 알프스를 넘는 길의 후방기지, 그리고 아오스타(Aosta)는 전진기지라고 부를 수 있는 마을이었습니다.

토리노의 기원은 아오스타 계곡을 내려온 도라발테아강이 포강과 합류하는 지점에 세력을 두고 있던 타우리니족이라는 켈트인의 도시였습니다. 갈리아와 이탈리아의 경계에 자리잡은 이 땅은 옛날부터 로마가 성채를 쌓고 식민지로 삼아 타우리노룸(Taurinorum)이라 부르고 있었는데, 제정시대가 되고부터는 아우구스타 타우리노룸이라 불리게 됩니다.

Taurinorum은 라틴어 Taurus(수소 牡牛)에서 파생했다고 해석되고 있습니다. 수소는 풍요와 힘의 상징이자, 소머리에 사람 머리를 한 광포한 괴물 미노타우로스(Minotaurus)에도 나타나듯이 사나움의 상징이기도 했습니다. 그 수소는 오늘날 토리노시의 문장으로서 쓰이고 있어, 토리노 거리를 걷노라면 뒷다리 하나로 선, 약동하는

토리노시의 문장.

용맹한 수소의 문장을 여기저기서 볼 수 있습니다.

토리노는 기원전 218년에 알프스를 넘어온 한니발에 의해 파괴되었던 역사를 갖고 있습니다. 한니발이 알프스를 넘은 사실에 대해서는 로마의 역사가인 티투스 리비우스(BC 59~AD 17)가 『로마의 역사』(XXI)에서 자세하게 쓰고 있습니다.

한니발은 간단히 말해, 론강 지류의 계곡을 거슬러 올라가고, 포강 계곡을 따라 내려와서는 토리노를 덮친 것입니다. 그 계곡은 3천 미터나 되는 산들이 솟아 있고, 암벽이 우뚝한 곳입니다. 그곳을 눈이 섞여 내리는 10월에 4만 이상이나 되는 사람과 말을 이끌고 넘었습니다. 이 고된 행군에서 한니발은 병사의 절반을 잃고, 40마리 가까이 있었던 코끼리도 절반을 잃습니다. 용병으로 이루어진 병사들의 마음은 사나워졌을 것이며, 그들의 토리노 습격은 가혹했겠지요.

도라발테아강의 계곡 깊숙이 들어간 곳에 있는 아오스타는 몽블랑, 마터 호른, 몬테 로사 등의 산이 가까워 많은 스키객들이 찾아드는 마을입니다. 예전에는 사라시이족이라 불리는 호전적인 켈트계 부족이 살고 있었습니다.

아오스타는 갈리아나 게르마니아까지 최단거리로 통하는 전략지점이었으므로, 아우구스투스는 군사적 색채가 강한 식민지로 삼아 친위대 약 3천명을 주둔시켰습니다. 갈리아나 게르마니아로부터의 야만족의 침입을 막고 로마를 지켜내기 위한 중요한 성채도시였던 것입니다. 처음에는 Colonia Cohortes Praetoriae(친위대의 식민지)로 불렸지만, 기원전 25년에는 아우구스타 프라에토리아(Augusta Praetoria : 아우구스투스 친위대)라고 불리게 되었습니다.

아오스타에서 대(大) 세인트 버나드봉을 넘으면 레만 호수로 통하고, 소(小) 세인트 버나드봉을 넘으면 리옹으로 통합니다. 중세가 되어 로마에의 순례가 왕성해지자 대 세인트 버나드봉을 넘어 독일이나 영국 사람들이 많이 오가게 되어 알프스를 넘는 길은 차츰 제대로 닦인 길이 되어갔습니다. 대 세인트 버나드봉이라는 지명은 수도사 버나드가 봉우리의 가장 험난한 곳에 호스피스를 짓고 힘들고 어려운 여행자 구제에 힘썼던 데에서 생겨났습니다.

이스파니아의 식민시, 사라고사

피레네 산맥을 수원으로 하는 에브로강 중류에 있는 도시 사라고사는 아라곤의 중심도시입니다. 영어로는 Saragossa, 스페인어로는 Zaragoza라고 씁니다. 기원전 27년에 황제 아우구스투스가 이스파니아에 원정했을 때, 이 땅을 로마의 식민시로 삼은 데에서 카에사레아 아우구스타(Caesarea Augusta)로 이름붙여졌습니다. 오늘날의 어형은 아랍어의 영향에 따른 것입니다. 이 땅에 아랍문화의 영향이 얼마나 강한지는 주교좌 대성당 사방에 회교사원의 특징적인 탑(미나레트)이 있는 것을 보아도 알 수 있습니다.

사라고사는 마드리드에서 바르셀로나로 향하는 길의 거의 중간지점에 있습니다. 마드리드에서 사라고사까지는 건조한 고원지대로 불그스레하게 갈색으로 퇴색한 땅이 드러나 있고, 까칠까칠한 느낌입니다. 올리브나 아몬드 같은 작물이나 관목 소나무 종류 말고는 나무도 별로 없습니다. 그런데, 사라고사 가까이 가면 나무도 많아지고 초록빛이 갑자기 늘어 피로가 풀리는 느낌이 듭니다.

아라곤(Aragon)은 '물'을 뜻하는 인도유럽어에서 비롯된 지역명입니다. 그것은 에브로강의 물이 이 땅의 사람들에게 얼마나 중요했는지를 나타내는 이름이라고 말할 수 있습니다. 풍부한 수량의 에브로강이 만들어낸 충적분지는 농사짓기에 안성맞춤이었지요. 또한 이 강은 두메산골까지 배가 들어갈 수도 있어 사라고사가 생활면에서도 전략면에서도 식민지로 알맞았음을 알 수 있습니다.

사라고사가 로마의 식민시가 된 기원전 27년은 옥타비아누스(Gaius Julius Caesar Octavianus)가 원로원으로부터 아우구스투스라는 존칭을 받은 해이기도 합니다. 그 2년 전에 베르길리우스가 아우구스투스를 찬양하는 내용의 로마건국신화 『아에네이스』를 쓰기

이슬람교의 예배당인 모스크(마스지드)의 일부를 이루는 첨탑. 아랍어의 마나라에서 유래하며, '빛을 두는 곳, 등대'라는 뜻이다. 하루 다섯 번 있는 예배 시각에 예배당을 지키는 무아딘이 탑에 올라가 신자들에게 기도할 것을 권유했다. 미나레트의 형태는 사각형에서 팔각형까지 다양하지만 언제나 사원과 붙어 있으며, 멀리서도 바로 알아볼 수 있는 종교적 랜드마크라 할 수 있는 이슬람교의 특징적 표지물이다.

시작했습니다. 그 건국신화는 트로이의 왕족 안키세스와 여신 비너스 사이에 태어난 아이네아스가 이탈리아에 와서 고난 끝에 승리를 거두고, 아들 아스카니오스, 별명 율루스(Julus)가 로마의 모시(母市)인 알바 롱가를 세운다는 이야기지요.

카이사르의 율리우스(Julius)가(家)는 씨족명은 '율루스의' 라는 뜻이므로, 율리우스가는 비너스와 통하고, 비너스의 아버지 유피테르의 후예인 셈이 됩니다.

카이사르는 숙모 율리아(Julia)의 추도연설에서 "율리우스 씨족의 시조는 여신 비너스에서 시작되고, 우리들 카이사르가는 이 혈통에서 이어진다. 그러므로, 숙모의 핏속에는 인간세계에서 최고의 권력을 가진 왕의 고결함과 그 왕들조차도 지배에 두는 신들의 침범할 수 없는 신성함, 둘 다가 깃들어 있는 것이다"고 말했다고, 스에토니우스는 「카이사르전」(제6절)에서 쓰고 있습니다. 이것은 황제 숭배에의 움직임을 나타내는 가장 좋은 예라고 할 수 있습니다. 사실 카이사르는 유피테르라고까지 불리기도 했고, 아우구스투스는 신의 아들 또는 신군(神君)이라 불렸습니다.

카디스만으로 북쪽에서 흘러드는 과디아나강 중류 지역의 메리다(Merida)는 기원전 25년에 황제 아우구스투스가 군단 퇴역병사들을 위해 건설한 식민지로, 라틴어로는 Augusta Emerita라고 했습니다. Emerita란 만기퇴직한 군단병들에 대해 공로를 나타내는 칭호로 쓰였던 말인 Emeritus의 여성형입니다. 이 땅에는 기원전 15년에 아우구스투스를 신으로 모신 신전이 지어졌습니다.

메리다는 포르투갈의 모체가 되었던 속주 루시타니아의 주도(州都)로 예전에는 군단이 주둔했으며, 제정시대가 되자 과디아나강의 하천교통에 의해 교역도시로서 번창했습니다.

메리다가 얼마나 번창했는지는 전체 길이 792미터나 되는 로마 시대 최대급의 다리와 함께 3개나 되는 장대한 수도교(水道橋), 6천 명을 수용했으리라 여겨지는 극장터, 1만 4천 명을 수용할 수 있는 원형격투장터, 전차 경기장, 디아나 신전터, 그밖의 유적으로부터도 쉽게 상상할 수 있습니다.

알프스 이북 최대의 국제도시, 트리어

아우구스투스는 자신의 양자인 드루수스를 보내서 라인강 동쪽으로 깊숙이 쳐들어갑니다. 그러나, 이 작전은 게르만계 케루스키

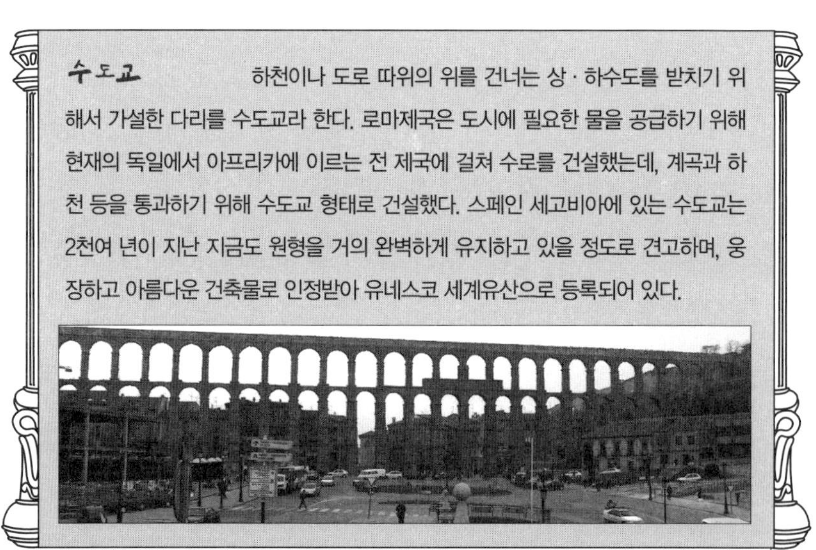

족을 이끈 아르미니우스의 사자 같은 맹활약에 가로막히고, 기원 9년의 토이토부르거발트 전투에서 세 군단을 잃고, 드루수스도 낙마 사고로 죽는 등 커다란 타격을 입었습니다. 타키투스의 『연대기』에 따르면 아르미니우스는 자유와 독립을 위해 강대한 로마를 적으로 돌리고 당당히 싸운 자부심 높은 지휘관으로, 로마인이 본받아 마땅한 지도자였다고 하지요.

모젤강 연안의 트리어(Trier)는 아우구스투스의 명령으로 기원전 15년에 쌓아올려진 둔영에서 식민시가 되고, 속주 갈리아 벨기카의 주도(州都)로서 알프스 이북의 로마 최대의 국제도시로서 발전했습니다. 라틴어명을 아우구스타 트레베로룸(Augusta Treverorum)이라 해서 Treverorum이 Trier가 된 것입니다. 원래는 카이사르가 '전투적이어서 힘겨운 상대'라고 썼던 벨가이족 일파의 도시였습니다.

Treverorum은 이 부족 이름에서 말미암은 곳인데 '나루터'를 뜻하는 말이 어원이라 여겨지고 있습니다. 트리어는 라인강의 지류인 모젤강에 자르강이 합류하는 지점의 바로 북쪽에 있습니다. 거기에는 중도(中島)가 있어서 아주 좋은 나루터였습니다.

트리어가 발전한 이유는 모젤강을 따라 난 분지를 절벽이 많은 단구가 둘러싸고 있다는 방위적 요소와 유유히 흐르는 수량 풍부한 모젤강의 수운(水運)의 축복을 받았다는 것이었습니다. 북쪽은 모젤강과 라인강을 거쳐 북해로, 남쪽은 손강과 론강을 거쳐 지중해로 나갈 수 있었지요.

서고트족이 로마제국 안으로 침입하고, 게르만 민족의 대이동이 시작된 것은 기원 375년인데, 그 1세기 이상 전부터 로마의 쇠퇴는 두드러지고 있었습니다. 그 사례가 260년에 갈리아에서 일어났던 군단병의 반란인데, 반란병들이 세웠던 나라가 트리어를 수도로 하는 '갈리아 제국'이라 할 수 있는 것이었습니다. 10년 이상 이어지던 갈리아 제국이 멸망하고, 로마제국을 재흥했던 디오클레티아누스 황제 시대에 제국은 넷으로 분할통치되었는데, 각각의 수도는 트리어, 밀라노, 베오그라드 근처의 실미움, 마르마라해 동안(東岸)의 니코메디아였습니다.

이 트리어에 파견되었던 이가 콘스탄티누스 대제의 아버지인 콘스탄티누스 1세입니다. 아버지가 306년에 요크에서 사망하자, 콘스탄티누스 대제는 요크에서 곧바로 서로마 황제를 선언하고 트리어로 되돌아왔습니다. 그리고 트리어에 10년 동안 머물면서 로마제국

트리어에 있는 로마시대의 유적 포르타 니그라.

을 장악하는 데에 힘을 기울임과 동시에 수도로서의 트리어 재건에 힘을 쏟아붓습니다. 덕분에 트리어는 당시의 로마나 알렉산드리아에 버금가는 도시로 발전했습니다. 그러나, 차츰 활발해져가던 게르만인의 활동 때문에 안전하다고는 할 수 없게 되어, 콘스탄티누스 자신이 몸소 수도를 비잔티움, 즉, 콘스탄티노플로 옮깁니다.

독일 남부의 도시 아우크스부르크(Augsburg)는 아우구스투스 시대에 도나우강의 지류인 레히강에 베르타흐강이 합류하고, 레히강이 항해할 수 있는 전략점에 지어진 요새에서 발전했습니다. 이 요새는 라인강 유역과 도나우강 유역을 잇는 교통의 요충지에 있어 로마의 군단이 주둔하는 성채가 되었습니다.

그러나, 군단은 곧 라인강 연안으로 파견되고 성채는 퇴역군단병의 식민지가 되었고, 오늘날의 스위스와 오스트리아의 티롤 지방을 포함하는 속주 라에티아의 주도(州都)가 되었습니다. 라틴어명을 아우구스타 빈델리코룸(Augusta Vindelicorum)이라고 했는데, Vindelicorum은 오늘날의 바이에른 지방에 세력을 두고 있던 켈트계 주민에서 비롯된 것입니다.

2.
로마제국 최전선의 지명

로마의 군단에서 비롯된 지명, 레온

아우구스투스는 내전 중에는 60개 가까이나 있었던 군단을 25개로 줄여 군사적으로 불온한 움직임이 있는 지역에 배치했습니다. 그 뒤로 군단은 전선(前線)부대의 성격을 띠게 되고 그들 전선의 주둔지에서 여러 도시가 태어났습니다.

이베리아 반도 남부지방은 옛날에는 카르타고의 세력권이었지만, 제2차 포에니 전쟁 이래 북부 산악지대를 빼고는 로마의 지배 아래로 들어갔습니다. 기원전 27년에 아우구스투스의 원정 이래로는 북부까지 모조리 로마의 지배 아래에 들어갔습니다.

그러나, 새로이 정복한 북서 이베리아 지방의 로마화가 늦어지자, 그곳에 반도에서는 유일하게 군단을 주둔시켜 제국의 위엄을 과시했습니다. 레온(León)은 저항하는 켈트인 지역이나 바스크인에 대한 전선기지로서 군단이 주둔했던 곳으로, 로마의 군단 레기오

(legio)가 어원인 지명입니다. 군단의 성채에서 발전한 레온은, 레콩키스타를 지향하는 그리스도교도가 건설했던 최초의 왕국 아스투리아스나 레온 왕국의 수도가 되어 민족국가 스페인 건설을 향한 핵심 역할을 다해갑니다.

León은 웨일스의 카엘레온(Caerleon)의 -leon과 같은 것입니다. 카엘레온도 저항하는 켈트계 주민에 대한 전진기지로서 쌓아올려진 성채가 유래인 마을이지요. 이 땅에 주둔했던 것은 제2군단이었는데, 아우구스타(Augusta)라는 명예높은 명칭으로 불리고 있었습니다. 제2군단의 핵은 안토니우스를 치기 위해 편제되어 옥타비아누스와 안토니우스의 천하를 가르는 전투가 있었던 악티움에서 활약했던 정예부대로서, 아우구스투스에 의해 재편제되어 그의 이름으로 불리게 되었던 것입니다. 처음에 이스파니아에 주둔했다가 그 뒤 스트라스부르르로 이동해 게르마니아 전선에서 활약했는데, 클라우디우스 황제가 브리튼섬으로 본격적으로 쳐들어갈 때도 동원되었습니다.

악티움 해전을 묘사한 부조.

카엘레온은 오늘날에는 카디프 근처의 작은 마을이지만, 하나의
군단과 그에 맞먹는 수의 보조부대가 주위지역에 배치되고, 병사들
의 소비를 조달하기 위한 상인이나 직인, 노예나 심부름꾼이 드나
들었음을 생각하면, 당시에는 크게 번창했으리라 생각할 수 있습니
다. 투기장, 목욕장, 병사(兵舍)터가 남아 있습니다.

검은 숲을 노려보는 주둔지, 스트라스부르

아우구스투스 시대의 엘베강 진공이 사실상 실패로 끝나자 국경
선으로 특히 중시되었던 라인강과 그 유역에는 8만 이상의 로마병
사가 50개 이상의 성채나 요새에 배치되었습니다. 마침내 마인츠와
레겐스부르크 사이에 방벽 리메스가 쌓아올려지고 도나우강, 리메
스, 라인강을 잇는 국경선에는 각지에서 토지의 유력자를 구워삶아
성채도시나 식민시가 세워졌습니다.

알사스 지방의 중심도시인 스트라스부르(Strasbourg)도 그 가운
데 하나입니다. 국경마을로, 독일어로는 슈트라스부르크(Strassburg)
입니다. 예전부터 독일과 프랑스의 끊임없는 전쟁의 땅이어서, 몇
번이나 철저히 파괴되고, 독일에 편입되었다가 프랑스령이 되었다
가 했습니다. 그럼에도 불구하고 중세의 정취를 간직한 매력적인
도시로 되살아나 많은 관광객을 부르고 있습니다. 오늘날에는 유럽
연합 의회본부가 설치되어 있는 도시로도 알려져 있지요.

바젤에서 스트라스부르의 북쪽 카를스루에(Karlsruhe) 주변까지
는 라인강 양쪽에 표고 1천 미터 안팎의 산맥이 이어지며, 그 사이

는 넓은 충적평야입니다. 커다란 라인강이 만들어낸 기름진 농토로, 산기슭의 경사지에는 포도밭이 가지런한 모양을 갖추어 펼쳐져 있습니다.

카이사르는 갈리아 원정 중이던 기원전 56년에 라인강 왼쪽 기슭의 보주산맥에서 흐르는 이르강이 라인강으로 흘러드는 지점 가까이의 중도(中島)에 수비대 기지를 건설했습니다. 한편, 라인강 오른편 기슭의 산지 슈바르츠발트(Schwarzwald : 검은 숲)는 사나운 게르만인이 숨어 있는 불길한 곳이었습니다. 그 뒤에 아우구스투스 시대에 성채가 지어지고 라인강 상류의 요충지로서 군대가 주둔합니다. 지명 Strasbourg는 로마가 물러나고 그 땅이 프랑크족의 지배 아래로 들어간 뒤에 '가도를 따라 생긴 요새도시' 라는 뜻으로 붙여진 것입니다. 제1요소 Stras-는 영어의 street와 같은 것으로 로마 가도를 가리킵니다.

스트라스부르는 842년에 '스트라스부르의 맹약' 이 맺어진 곳으로 알려져 있습니다. 이것은 루이 경허왕(재위 814~840)의 맏아들 로타르가 프랑크 왕국의 제1계승자임을 주장한 데에 대해, 동생 루트비히와 이복형제 샤를르가 힘을 합쳐 싸울 것을 약속한 것이지요. 이 맹약으로 프랑크 왕국은 내란 상태가 되었습니다. 내전을 종결시키기 위한 회의가 오늘날의 프랑스 북동부 마을 베르덩에서 열리고, 843년에 성립된 조약으로 프랑크 왕국은 동프랑크, 서프랑크, 중앙프랑크로 나뉘었습니다. 그것은 독일, 프랑스, 이탈리아라는 유럽 3대 강국 탄생의 출발점을 그은 것이기도 했습니다.

성채와 포도밭, 마인츠

마인츠(Mainz)는 아우구스투스 시대에 마인강과 라인강이 합쳐지는 지점의 라인강 왼쪽 강가, 즉 서쪽의 완만한 언덕 위에 쌓아올려진 군단의 성채에서 발전한 도시입니다. 라틴어로는 모곤티아쿰(Mogontiacum)이었습니다. 켈트인의 신의 이름 모곤즈(Mogons)에서 유래한다고 여겨지고 있습니다. 뜻은 '강한 자'라 여겨지며, 라인강 중류 지역의 켈트인이 믿고 있던 수호령이라 말할 수 있는 것이었습니다. 승리를 가져오는 영이자, 로마의 군신 마르스나 그리스의 영웅 헤라클레스 같은 존재로 여겨지기도 했습니다. 이 수호령에게는 앞서 쓴 빛의 신 루의 속성과 공통되는 것이 있습니다.

넘치도록 물을 가득 담고 넉넉하게 흐르는 라인강 서쪽 강변에 서면 건너편에 마인강과의 합류점이 보이고, 기다란 선체가 거의 강에 잠길 만큼 물자를 잔뜩 실은 운송선이 오르락내리락하는 모습이 보입니다. 이 마인강을 거슬러올라가면 신성로마제국 하인리히 2세(재위 1002~1024)의 도시로 작은 베네치아라 불린 옛 도시 밤베르크(Bamberg)가 있고, 다시 레그니츠강 계곡을 남쪽으로 내려가면 레겐스부르크 서쪽에서 도나우강으로 나갈 수 있습니다.

이 루트는 로마인이 지나다녔고, 중세시대에는 십자군이 지나갔습니다. 또한, 서로마황제라 일컬어졌던 샤를마뉴(재위 800~814) 시대부터 운하 건설계획이 있었습니다. 1992년에 완성한 도나우-마인 운하는 유럽 운하라고도 불리는데, 라인과 도나우를 잇자는 유럽인의 오랜 꿈을 실현시켰다고 할 수 있습니다.

마인츠는 교통의 요충에 있다는 점에서 중세 후기에는 크게 번영하고, 독일의 3분의 2를 통괄하는 대주교좌 도시가 되어 '중세 독일문화의 수도' 라 불렸습니다. 정치적으로도 마인츠의 대주교는 신성로마제국 황제를 선출하는 선제후의 필두로 강한 영향력을 발휘했습니다. 오늘날의 마인츠는 제2차 세계대전의 파괴에서 부흥한 근대도시입니다. 코블렌츠에서 하이웨이를 통해 마인츠에 가까이 가면 완만한 구릉지대에 온통 포도밭이 펼쳐져 있어 이 도시의 경제를 떠받치고 있는 것이 포도주임을 실감할 수 있지요.

코블렌츠(Coblenz, Koblenz)는 모젤강이 라인강과 합류하는 지점에 있는 도시이며 라틴어 Confluentes(합류)가 어원입니다. 이곳은 카이사르가 열흘만에 라인강에 다리를 놓았던 곳으로 알려져 있는데, 마을의 발전은 티베리우스 황제 시대에 라인강과 모젤강의 합류점에 성채가 쌓아올려진 것이 계기가 되었습니다. 중요한 교통의 요충지라는 이유만으로 로마인과 프랑크족의 공방의 장이 되며, 프랑크인이 지배하게 되고서는 왕궁 소재지가 되었습니다.

양 기슭에 포도밭이 펼쳐져 있는 모젤강.

모젤강 계곡 양쪽 기슭의 경사지는 로마의 지배 아래에 들어가기 전부터 포도가 재배되고 있었다고 여겨지고 있습니다. 2천년도 더 되는 세월을 거치며 이어져온 포도 재배는 문화성도 높고, 트리어에서 코블렌츠에 이르는 모젤강을 따라가며 멋진 모습을 이루고 있는 포도밭이나 두 기슭의 커뮤니티, 언덕 위에 몇 개나 있는 요새 터는 독특한 매력을 풍깁니다.

아그리피나의 식민시, 쾰른

쾰른(Kölon)은 예전부터 게르만인의 집락이 있었던 곳입니다. 아우구스투스 시대에 건설되었다고 여겨지는 성채가 있는데, 그것이 기원 50년에 식민도시로 이행했던 것이 대도시로 발전하는 출발점이 되었습니다.

Kölon은 라틴어 Colonia Agrippinensis(아그리피나의 식민지)가 어원입니다. 아그리피나는 초대 황제 아우구스투스의 손녀딸이자 제4대 황제 클라우디우스의 비로, 제5대 네로 황제의 어머니이기도 합니다. 그녀는 클라우디우스의 형 게르마니쿠스의 딸로 아버지가 게르마니아 전역(戰役)에서 활약하고 있을 때 전선에서 나고 자랐습니다. 매력적인 용모의 여성이지만 야심가여서 자신의 '고향'에 금의환향하기 위해 새로 생긴 식민지에 자기 이름을 붙일 것을 황제에게 승낙받아냅니다.

황제 클라우디우스는 아그리피나에게 살해당했다는 것이 정설이며, 그런 그녀는 자신의 아들인 네로 황제에게 살해당한 것은 유

아그리피나상.

명합니다. 그녀의 클라우디우스 황제 암살에 관해서는 타키투스가, 아들 네로를 황제로 내세우고 그를 자신이 지배하기 위해 그랬다며 살해 방법까지 자세히 쓰고 있습니다(『연대기』 XII · 64~69). 나폴리의 고고학 박물관에 있는 아그리피나상은 의자에 앉아 다리를 조금 앞으로 뻗어 포개고, 두 손을 무릎 위에서 가볍게 잡고서 앞쪽을 향하고 있습니다. 그녀의 코는 높고, 입술은 얇고, 조금 근심을 품은 얼굴에는 강한 의지가 드러나 있습니다.

퀼른에는 고딕 양식의 교회건축으로서는 최대인 대성당이 있어 많은 관광객이나 순례자들을 모으고 있습니다. 이 대성당은 신성로마제국 황제 프리드리히 1세(재위 1152~1190)가 보내온 세 명의 동방박사의 성 유물을 보관하는 사원으로서 건립된 것입니다.

독일의 리메스, 브리튼섬의 하드리아누스 방벽

리메스(limes)는 라틴어에서 기원한 말로 목적격형 limitem은 영어 limit(한계, 경계)의 어원입니다. 그것이 적지로 통하는 '길고 좁은 통로'나 군용도로, 그리고 '하천 등에 의한 천연의 국경, 방벽 등에 의해 만들어진 전선'이라는 뜻으로 쓰이게 되었습니다. 로마 제국 성립기의 리메스는 실질적으로는 도나우강과 라인강이었습니다. 이윽고 방벽이 쌓아올려지는데, 그것은 특히 라인강 동쪽의 산지 슈바르츠발트(검은 숲) 지역에 사는 게르만인을 뒤쪽에서 견제하기 위한 것이었습니다.

독일의 리메스는 기원 90년 무렵에 착공해 160년 무렵에 완성했습니다. 이 방벽 건설에 특히 힘을 쏟은 것은 하드리아누스 황제(재위 117~138)입니다. 그는 전대 황제인 트라야누스 황제 때까지의 확장정책을 바꾸어 국경 수비를 가장 중요한 정책으로 삼았습니다.

독일의 리메스는 브리튼섬의 하드리아누스 방벽처럼 돌로 만들

쾰른 대성당.

어진 것이 아니라 나무 시렁(木柵)을 길게 만들고는 그 뒤쪽에 깊은 구멍을 파고, 그 흙으로 토루를 만든 것이었습니다. 나중에 돌로 만든 리메스를 함께 써서 보강하지만, 라인강을 넘어갔던 방위선은 오래 지속되지 못했으며, 260년 무렵에는 이 리메스는 파괴되고 국경선은 라인강 서쪽으로 물러났습니다.

하드리아누스 방벽은 117킬로미터에 걸쳐 쌓아올려진 리메스입니다. 이 방벽은 가장 튼튼한 곳은 폭 3미터, 높이 5미터로 잉글랜드의 특징적인 완만한 구릉의 능선이 길게 이어지고 있습니다.

그 방벽은 지금은 대부분 파괴되었고, 남아 있는 부분도 만리장성 같은 위용은 없어서 근처에서 흔히 볼 수 있는 양이나 소의 방목장을 둘러친 커다란 스톤 헷지(돌울타리)같다는 인상을 받습니다. 그러나, 건설 당시에는 벽 안쪽에는 깊이 4미터의 구멍이 있고, 밖에는 6미터 폭의 구멍이 있었으므로, 충분하다고는 할 수 없어도 방위벽의 역할을 다했음에 틀림없습니다. 방벽에는 1마일(약 1.6킬

하드리아누스 방벽.

로미터)마다 감시탑이 세워져 병사가 주둔했으며, 그들 주둔지에서 이윽고 마을이나 도시가 생겨났습니다.

방벽을 따라 생긴 마을과 도시, 뉴캐슬과 칼라일

하드리아누스 방벽의 동쪽 끝, 잉글랜드 북부의 타인강 하구에 는 석회를 실어내는 항구로 알려진 뉴캐슬(Newcastle upon Tyne)이 펼쳐지고, 서쪽 끝의 솔웨이 만안에는 칼라일(Carlisle)이 펼쳐져 있 습니다. 뉴캐슬은 타인강 북쪽에 쌓아올려진 로마의 요새로 로마시 대에는 폰스 아에리우스(Pons Aelius : 아에리우스 다리)라 불리고 있었습니다. Aelius란 하드리아누스 황제(Publius Aelius Hadrianus) 의 씨족명입니다.

그 요새는 뒤에 정복왕 윌리엄의 맏아들 노르망디공 로베르 2세 가 1080년에 성을 지었던 데에서 뉴캐슬이라 불리게 됩니다. 오늘 날 칼라일에는 붉은 빛을 띤 석회암의 성이 있습니다. 이 성은 로마

칼라일의 석회암 성.

의 요새터에 지어진 것입니다. 앵글로색슨 시대에는 앵글로색슨인
과 스코틀랜드인의 공방의 땅이 되었습니다. 노르만인의 정복 뒤에
는 정복왕 윌리엄의 셋째 아들인 윌리엄 2세(재위 1087~1100)가 축
성하고, 나중에 에드워드 1세(재위 1272~1307)의 스코틀랜드 공격
의 거점이 되었습니다. 엘리자베스 시대에는 메리 스튜어트가 피난
했던 곳이기도 하고, 1745년의 자코바이트 봉기 때는 우두머리인
보니 찰스가 한때 지휘를 했던 곳입니다.

로마인들은 이 마을을 루그바리움(Luguvalium)이라 불렀습니다.
그것은 Luguvalos(루처럼 강한)라는 개인명에서 비롯된 지명이었습
니다. 이 Luguvalium이 이윽고 Luel이라는 철자가 되고, 켈트어
caer(요새)가 더해져 Carlisle이 된 것입니다.

Carlisle의 Car-를 가진 지명으로는 웨일스의 수도 카디프(Cardiff)
가 있습니다. 이 지명은 영어적인 표기를 한 것으로, 웨일스어로는
카엘디즈(Caerdydd)입니다. -dydd는 터프(Taff)강을 말하며, 로마인
은 이 땅에 요새를 만들었고, 그 로마인의 요새터에 노르만인이 성
을 쌓았습니다. 그 성을 오늘날에도 볼 수 있습니다.

하드리아누스 방벽을 따라가면서는 방벽(wall)에서 유래하는 지
명이 몇 개나 남아 있습니다. 오늘날에도 방벽을 따라가는 길을 가
면 거의 인가가 없고 곳에 따라서는 황량한 들판이 펼쳐져 있는 등,
정말이지 맨끝의 국경선을 생각나게끔 하는 것이 있습니다. 그런
곳에서는 방벽은 놀랄 만한 건축물이었음에 틀림없습니다.

뉴캐슬 동쪽 교외에서 타인강이 크게 휘어지는 곳에 월젠드

(Wallsend)라는 마을이 있으며, 방벽을 따라 서쪽으로 가면 월커 (Wallker), 헤든 온 더 월(Heddon-on-the-Wall), 월(Wall) 등 방벽과 관련있는 지명을 가진 부락이나 마을이 있습니다. 월젠드는 글자 그대로 방벽의 종점을 뜻하는 지명입니다. 타인강을 오르내리는 배를 조망할 수 있는 단구(段丘, 지반의 융기나 수면의 강하 따위에 의해 강이나 호수, 바다의 기슭에 생긴 계단 모양 지형 ― 옮긴이) 위에 자리잡고 있어, 수비대가 주둔하던 요새가 있었습니다.

Walker의 -ker는 고대 북유럽어 kjarr(관목)가 어원인 '관목이 무성한 습지' 라는 뜻의 말로 이 지명의 원래 뜻은 '하드리아누스 방벽 옆의 관목이 무성한 습지' 입니다. 월젠드는 타인강의 단구상에 있는데, 월커는 거기에서 조금 서남쪽의 타인강을 따라가는 습지 가까이에 만들어진 정주지였습니다.

Heddon의 Hed-는 관목 히스(heath)를 말하는 것이며, 이 지명의 뜻은 '방벽을 따라가는 히스 언덕의 요새' 입니다. 하드리아누스 방벽을 따라가면서는 히스의 군생이 여기저기 보입니다. 지금은 양을 놓아 기르느라 히스는 많이 벌채되어 있지만, 로마시대에는 주변이 온통 히스로 뒤덮여 있었을 것입니다.

동쪽의 월젠드에 대응하는 것이 서쪽의 바우니스(Bowness-on-Solway)입니다. 이 지명은 북유럽계로, Bowness의 Bow-는 bow(활)를, -ness는 '곶' 을 뜻합니다. 바우니스는 솔웨이만 남쪽의 활처럼 굽어진 지점에 있어서 그곳이 만을 드나드는 배를 감시할 수 있는 요충지였음을 알 수 있습니다.

3.
로마인 발소리가 들리는 브리튼섬의 도시

카이사르군과 클라우디우스군의 상륙점

카이사르는 갈리아 원정 중이던 기원전 55년과 54년에 두 번, 브리튼섬에 상륙하고 있습니다. 첫 번째 상륙에 대해서 "카이사르는 그날 4시 무렵에 선두의 배와 브리타니아에 도착했는데, 그곳엔 이미 무장한 적의 부족이 모든 언덕에서 모습을 드러내고 있었다. 지형은 바다가 높은 절벽으로 둘러싸여 있었기 때문에 높은 곳에서 해안으로 테라(창이나 돌 등)를 던질 수 있게 되어 있었다. 여기를 상륙에 적당한 곳이라 생각하지 않았으므로… 거기에서 7마일쯤 나아가 평탄하게 펼쳐진 해안에 배를 멈추었다."(『갈리아 전기』 IV · 23)고 기록하고 있습니다.

이 글로 미루어 카이사르가 상륙한 지점은 잉글랜드 남동쪽 끝에 가까운 샌드위치의 딜(Deal)과 월머(Walmer) 사이 부근이 아니었을까 추정되고 있습니다.

페리를 타고 도버 해협을 북쪽으로 나아가면, 하얀 절벽이 끊기는 부근에서 해안이 갈색 바닷가가 되어 있는 것이 잘 보입니다. 또한, 딜의 해변에 서면 남쪽에 백아(白亞)의 절벽이 보이고, 북쪽에도 백아의 절벽이 어렴풋이 보입니다. 그리고, 그 사이는 완만한 부채꼴을 그리면서 모래밭이 이어지고 있지요.

로마시대에 딜이나 월머 부근은 거의 오늘날의 해안선을 따라가는 모래밭이었으며, 그 끝은 폭이 2~3킬로미터쯤 되는 습지대였습니다. Deal의 어원은 앵글로색슨어 dael(계곡)이고, Walmer의 어원은 앵글로색슨어 walh(브리턴인)의 복수속격형(複數屬格形) wala와 mere(늪지)로 이루어진 Walemere입니다. 이 부근은 옛날부터 양륙 작전에 알맞아서, 엎어지면 코닿을 곳이었던 딜과 월머에는 헨리 8세가 지었던 성이 있습니다. 그것들은 종교개혁 때에 프랑스로부터의 공격에 대비해서 지어진 것입니다.

이처럼 카이사르는 습지대에 의해 격리된 모래 바닷가에 상륙했던 셈입니다. 그곳은 전망이 좋은 곳임과 동시에 적이 공격해오기 힘들다는 조건을 갖춘 곳이기도 했습니다. 그러나, 폭풍을 피하기에는 알맞은 곳이 아니어서 폭풍 때문에 두 번이나 엄청난 손실을 입었습니다. 그것에 대해서는 카이사르 자신도 쓰고 있으며, 스에토니우스도 「카이사르전」에서 함대의 대부분을 잃었다고 기록하고 있습니다.

도버 해협을 지나가는 바람은 원래부터 강하기 일쑤였고, 저기압이 다가오면 여름에도 바다가 거칠어져 크고 하얀 파도가 일며 2

만톤급 페리보트조차도 해안에 접근하기 힘들어지곤 합니다. 카이사르의 함단은 그런 폭풍에 휩쓸렸던 것 같습니다.

로마가 본격적으로 브리튼섬에 쳐들어간 것은 4대 황제 클라우디우스가 재위하고 있던 기원 43년이었습니다. 게르마니아나 판노니아에서 파견된 네 개의 군단을 중심으로 하는 4만의 부대가 오늘날의 켄트주 샌드위치의 리치버러(Richborough)와 햄프셔주 치체스터 등 세 군데로 나뉘어 상륙했습니다. 그 양륙작전은 카이사르의 경험을 참고해서 결정한 것이었지요.

켄트주 동쪽 끝에 있는 새넛과 샌드위치 사이에는 가느다란 강이 하나 흐르고 있습니다. 이 강은 옛날에는 얕은 해협이었고, 새넛은 섬이었습니다. 상륙점 가운데 하나인 리치버러도 그 해협에 떠 있는 언덕 같은 섬이어서, 썰물 때면 본섬인 브리튼섬까지 걸어서 건너갈 수 있었습니다. 상륙시의 가장 움직이기 힘든 상황에서 적의 공격을 막기 쉬운 지점이었다는 점에서 카이사르의 작전과 많이 닮았습니다.

영국의 신학자이자 역사가인 베다(673/4~735)는 『영국교회사』(I · 25)에서, 새넛섬과 본토는 폭이 600미터쯤 되는 해협에 의해 나뉘어 있으며, 해협의 양쪽 끝은 걸어서 건널 수 있으므로 성 오거스틴은 새넛섬에서 켄트왕을 알현한 뒤에 그곳에서 본토로 건너갔다고 기록하고 있습니다. 그 상륙지점이 남쪽의 리치버러입니다. 해협 북쪽의 본토쪽에 있는 리컬버(Reculver)는 클라우디우스군의 제3의 상륙점이 아닐까 여겨지고 있습니다.

클라우디우스 황제가 상륙했을 당시에 해협은 훨씬 넓었습니다. 그 해협을 내려다볼 수 있는 리치버러에 로마군은 곧바로 요새를 쌓아올렸습니다. 요새는 그 뒤로 차츰 튼실하게 확충되어 지금도 장대한 요새의 유적을 볼 수 있습니다. 이 요새는 브리튼섬에서의 모든 로마 가도의 기점이 되었습니다.

역사학자 베다는 리치버러의 라틴어명을 Rutubi Portus(루투비의 항구)였다고 하며, 거기에 있었던 성채에서 비롯되어 Reptacaetir라고 부르고 있습니다. -caetir는 -ceaster와 같습니다. 정복왕 윌리엄(재위 1066~1087)의 명으로 편찬되었던, 전(全) 잉글랜드의 봉건소령을 조사한 토지대장인 둠즈데이 북에는 리치버러는 Ratteburg라고 실려 있습니다. Ratte-는 브리튼어로는 Raepta로 '탁한 물' 이나 '늪지' 라는 뜻이었습니다. 리치버러 주위의 바다는 앵글로색슨 시대에 이미 늪지대화되어 있었던 것입니다.

브리타니아의 3대 로마 가도

로마인은 브리튼섬에 그물눈같은 군용도로를 건설했는데, 도로의 전체 길이는 거의 1만 마일(약 1만 6천 킬로미터)이나 되었습니다. 로마 가도는 명백하게 시스템으로써 둘러쳐진 것이었습니다. 로마가 브리튼섬을 제국의 중요한 일각으로 다스리고 있었음을 엿볼 수 있지요. 그 가운데에서도 도버에서 캔터베리, 런던을 거쳐 체스터로 향하는 워틀링 스트리트(Watling Street), 런던에서 요크로 향하는 어민 스트리트(Ermine Street), 링컨에서 레스터, 코츠월드,

바스를 거쳐 엑시터로 향하는 포스 웨이(Fosse Way)가 특히 중요한 가도였습니다.

포스 웨이는 라틴어 fossa(도랑)에서 유래합니다. 로마 가도는 일반적으로 겉흙을 들어내고 단단한 지반 위에 돌, 자갈, 점토 등을 써서 돋움흙(agger)을 쌓고 그 위를 돌로 포장했는데, 거기에다 물

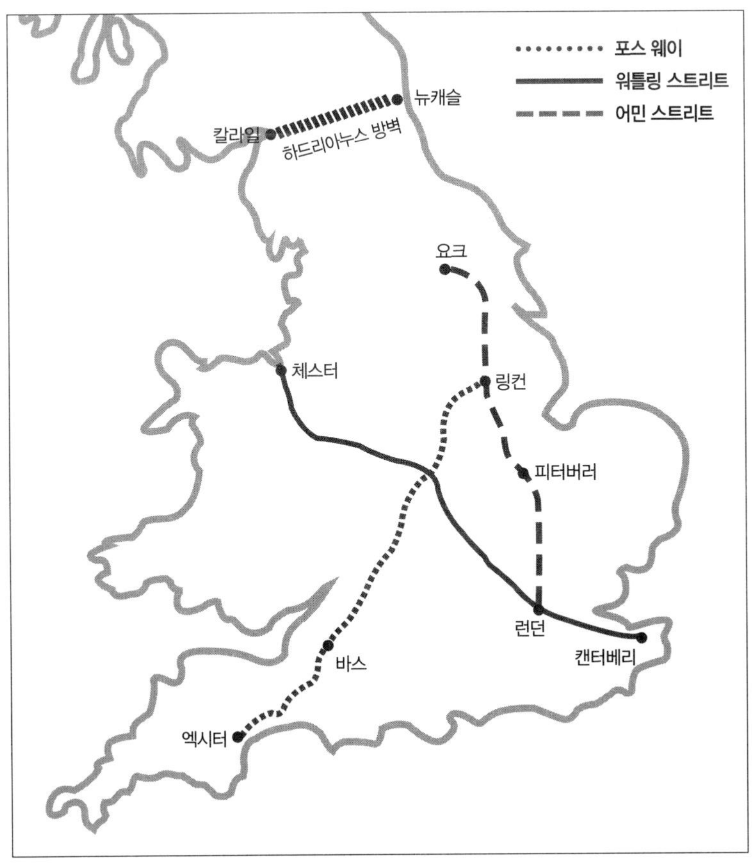

브리타니아의 3대 로마 가도와 하드리아누스 방벽.

이 잘 빠지게 하기 위해 도로 양쪽에 도랑을 팠던 예가 많았습니다. 포스 웨이란 배수용 도랑이 도로 양쪽에 탄탄하게 만들어져 있었던 데에서 이름붙여진 것입니다. 이 도로는 비옥하고 광물자원도 풍부한 남잉글랜드를 정복하려 했던 로마가 처음으로 닦은 대도로이자, 전선의 군용도로였습니다.

워틀링 스트리트는 오늘날 런던 교외에 있는 세인트 올번즈(St. Albans)의 옛 이름에서 비롯되었습니다. 세인트 올번즈에는 로마의 성채가 쌓아올려지고, 우호적인 브리턴인의 거점 가운데 하나가 되었기 때문에 토지의 유력자에게는 로마 시민권이 주어지고, 로마인과 브리턴인으로 이루어진 자치시가 되었습니다. 그리고, 로마인이 물러간 뒤에 그 땅을 지배했던 앵글로색슨인의 일족이 자신들의 이름을 따서 워틀링거체아스터(Watlingaceaster)라 불렀지요.

성 올번은 잉글랜드의 첫 순교성인입니다. 디오클레티아누스가 그리스도교도를 심하게 박해했던 340년에 처형되었습니다. 성 올번에 관해서는 역사가인 베다나 성인전을 쓴 앨프릭(955?~1020?)이 오늘날에 전하고 있습니다. 그에 따르면, 올번은 로마 병사에게 쫓겨 도망쳐온 그리스도교도를 숨겨주는데 그의 신앙의 깊이와 확고함에 감동을 받아 그의 옷을 입고는, 로마군이 찾는 이는 자신이라 우기며 순교해갑니다. 오늘날의 세인트 올번즈는 머셔왕 오파(Offa, 재위 757~796)가 지은 수도원 주위에서 발전한 마을입니다.

런던에서 링컨을 거쳐 요크에 이르는 어민 스트리트의 Ermine도 앵글로색슨인의 일족 이름에서 유래하며 어원은 Earningas입니

1086년에 정복왕 윌리엄(윌리엄 1세)의 명령으로 조사, 작성한 전국적인 규모의 토지조사부. 1066년에 잉글랜드를 정복하고 왕이 된 정복왕 윌리엄은 정복한 땅을 다스리는 데에 필요하다는 이유(실질적인 목적은 세금을 거둬들이는 것)로 주위의 반대를 무릅쓰고 둠즈데이 북을 만들라 명했다. 그러나, 그는 이 기록의 완성을 보지 못하고 죽었다. '둠즈데이 북'은 조사 당시인 11세기에는 '잉글랜드에 대한 설명'이라 불렸으나, 12세기 중엽부터 통속적으로 둠즈데이 북이라 불리게 되었다. 둠즈데이란 말은 원래 성서에서 '최후심판의 날(doomsday)'을 가리키는데, 이 조사부가 너무나 세세한 사항까지 조사하고 있어 도저히 빠져나갈 수가 없다는 데에서 비롯된 말이다. 두 권의 양피지에 라틴어로 씌어 있으며, 제1권은 미정복지인 북서부와 노섬벌랜드·더럼을 제외한 나머지 지방을, 제2권은 에식스·노퍽·서퍽 등 동부 3주를 대상으로 하였다. 토지 면적, 삼림이나 목초지, 방목지 등 공유지의 면적, 소유자의 이름과 직할지 면적, 쟁기수, 자유민, 비자유민 노동자의 수 등 상세하고 전국적인 내용이 기록되어 있어 중세 유럽사를 연구하는 데에 귀중한 사료이다. 현재 런던 국립기록보존소에 보존되어 있다.

다. 이 일족은 캠브리지셔의 애링턴(Arrington)에 이름을 남기고 있는데, 애링턴은 어민 스트리트 가까이에 만들어진 마을로 둠즈데이 북에는 Earningatone로 표기되어 있습니다. 어민 스트리트는 처음에는 애링턴의 로마 가도라는 뜻이었지만 차츰 그 땅을 지나는 모든 로마 가도를 뜻하게 되었습니다. 이 가도는 근대에 이르기까지 간선도로로서의 역할을 다했습니다.

가도 위의 부락과 마을

잉글랜드는 물론, 웨일스나 스코틀랜드까지 빙 둘러쳐져 있던 도로망은 로마제국 말기에는 차츰 쓰이지 않게 되었습니다. 대륙에서의 게르만 민족에 대한 대책을 세우거나 제국 중심부의 분쟁을 처리하느라 쫓김에 따라, 보수의 손길이 꼼꼼이 미치지 못하게 되어 시스템으로서의 기능이 떨어졌기 때문입니다. 특히 410년에 로마의 정규군이 귀환하고 남아 있던 퇴역병이나 그들이 부리던 브리턴인에게 관리가 맡겨지자 도로는 급속히 황폐해졌습니다.

군대가 이동할 필요가 없어지고 상인들이 다니지 않게 되었습니다. 도시생활을 알지 못하는 앵글로색슨인들도 멀리 있는 마을이나 지역과 통상을 하기보다는, 자신들의 일상생활을 꾸려나가는데 쫓겼던 것입니다. 로마 가도는 군용도로의 성격이 강해서 일상생활에 필요없는 곳에 놓여 있던 것도 한 가지 이유입니다.

그러나, 끊어져 가면서도 생활도로로 쓰였던 것도 많이 있었습니다. 지명에도 로마 가도의 흔적이 많이 남아 있습니다. 스트리트(Street, Strete, Streat)나, 스트랫퍼드(Stratford), 스트랫턴(Stratton), 스트랫필드(Stratfield), 스트래텀(Streatham), 스트래틀리(Stratley), 스트랫브록(Stratbroke) 등이 그런 예입니다.

로마 가도는 되도록이면 일직선으로 나아가는 것이 특징이었습니다. 사람도 살고 있지 않은 들판을 일직선으로 지나고 있는 한 줄기 도로에 앵글로색슨인이 관심을 갖지 않았을 리가 없지요. 정착해서 토지의 소유를 명확히 하게 되자 앵글로색슨인은 로마인의 길을 경계로 삼곤 했습니다. 또한 생활림(-ley)을 관통하며 이어지는 길도 경계선으로서의 역할을 했습니다.

로마인은 가도가 강에 닿으면 다양한 지혜를 짜내서 건너기 쉽게 하였고, 적당한 나루터가 없으면 바닥이 얕아져서 건너기 쉬운 곳까지 강을 따라 나아갔습니다. 시스템으로서의 로마 가도는 끊겼지만 로마인이 사용했던 '나루터'는 일상생활에 커다란 역할을 했습니다. Stratbroke의 -broke은 brook(작은 시내)이며, 이 지명도 로마 가도 위의 나루터였습니다. 또한, 그런 곳은 게르만인 사회에서 중요한 역할을 했던 집회의 장이었던 경우도 많았습니다.

-way를 가진 지명도 로마 가도에서 비롯된 경우가 많은데, 예를 들면 스톤웨이(Stonway), 스탠웨이(Stanway), 스토이(Stowey) 등은 '돌로 포장된 길'이라는 뜻입니다. 모두 로마 가도에서 비롯된 지명이지요.

4.
성채에서 발전한 영국의 도시

영국 남부의 중요전략거점 -chester

영국 지도를 들여다보면 체스터(Chester), 윈체스터(Winchester), 맨체스터(Manchester), 우스터(Worcester), 레스터(Leicester), 동커스터(Doncaster), 랭커스터(Lancaster) 등 많은 도시에 -chester, -cester, -caster 등의 지명 어미가 붙어 있는 것을 알아차리게 됩니다. 이들 도시는 로마 가도가 교차하는 중요 전략지점의 성채를 핵으로 삼아 발달했습니다.

이들 지명 어미의 어원은 라틴어 castra(성채)로 영어의 castle이나 프랑스어의 chateau(샤토)의 어원이 되었던 말이기도 합니다. 모두 '성(城)'을 뜻합니다. 로마인은 브리턴인의 요새인 힐포트를 이용해서 돌로 된 튼튼한 요새를 쌓았습니다. 요새를 브리턴인이 어떻게 발음했는지는 전혀 알 수 없지만, 라틴어 castra를 그들 특유의 발음으로 발음했음에 틀림없습니다. 그것을 앵글로색슨인은

-chester, -cester, -caster 등으로 끝나는 이름이 많은 잉글랜드의 도시들. 로마 가도가 교차하는 중요 전략지점의 성채를 중심으로 도시가 발달했기 때문이다.

ceaster(체아스테르)라는 철자로 썼던 것입니다.

로마제국시대의 군단은 로마 시민으로 이루어진 5~6천명 규모가 정규군의 단위였습니다. 일반적으로는 군단과 같은 숫자의 현지인 보조군대가 있어서 주변 요새에 배치되어 있었습니다. 군단은 평상시에는 그야말로 소비집단이었으므로, 군단이 주둔하는 성채에는 많은 상인과 직인, 소작인, 노예, 관리가 드나들었지요. 그래서 성채 주위에는 자연스레 도시가 생겨났습니다. 북웨일스와 접한 체스터, 남웨일스의 카엘리온, 북잉글랜드의 요크는 모두 브리튼섬에서 군단의 마지막 주둔지가 되었던 곳입니다.

요새를 뜻하는 앵글로색슨어에는 bruh가 있었습니다. 앵글로색슨인들은 건물을 지을 때 나무를 썼으며, 그들의 요새는 일상생활의 터전이 아니라 비상시에 피난가는 곳이었습니다. 그에 비해 로마인이 남긴 견고한 돌로 만든 성채는 생활의 터전이기도 했고, 규모도 크고, 폐허가 되었다고는 해도 대단히 인상깊은 것이었습니다. 그런 거대한 돌의 성채는 bruh라는 개념으로는 표현하기 힘든 것이었지요.

로마의 성채는 시인들의 상상을 돋우었습니다. 그들은 나중에 쓰게 될(5장) 예루살렘이나 바빌론을 나타내는 말로도 ceaster를 쓰고 있습니다. 앵글로색슨어로 씌어진 영웅서시시 「베오울프」에서는 덴마크의 견줄 바 없는 영웅왕 흐로트가르의 성채인 헤오로트가 ceaster입니다. 넓은 박공(합각머리에 대는 삼각형의 장식판, 또는 그것이 붙어 있는 부분 —옮긴이)이 높이 솟아 있는 그 호화롭고

훌륭한 건물은 안도 바깥도 쇠로 만들어진 띠돈(대금, 帶金)이 덧대
어져 있었고, 전사들이 연회를 하는 바닥은 금과 은으로 장식되어
있습니다.

그 궁전은 사람의 힘으로는 함락시킬 수 있으리라고는 생각도
못할 정도였습니다. 이 헤오로트의 성벽에 관한 구체적인 묘사는
없지만, 장대한 건물은 나무이므로 게르만적입니다. 그럼에도 불구
하고 burh가 아니라 ceaster를 쓰고 있는 점에서, 이 성채가 비할 수
없이 대단한 건물이었음을 나타내고 있습니다.

베오울프 8세기 초에 씌어진 것으로 추정되는 현존하는 최고(最古)의
게르만족의 영웅 서사시. 3,182행으로 되어 있으며 지은이는 알지 못한다. 1000년
무렵에 만들어진 필사본으로 전해온다. 원래 작품에는 제목이 없으나, 스칸디나비
아의 영웅 베오울프의 영웅적인 행위와 성격이 작품의 각 부분을 이어주는 주제이
므로, 그의 이름에서 따와서 제목을 붙였다. 베오울프가 실존인물인지는 알 수 없으
나, 시 속의 등장인물과 장소와 사건은 역사적이다. 내용은 2부로 나누어져 있다. 제
1부에서는 덴마크의 왕 흐로트가르의 궁전에 카인의 후예인 요괴 그렌델이 밤마다
찾아와 신하들을 납치해 살해한다. 이 소식을 들은 이웃나라 게아타스의 왕의 조카
인 베오울프는 부하들을 거느리고 덴마크를 찾아와 그렌델을 죽인다. 그리고 베오
울프에게 복수하겠다면 찾아온 그렌델의 어머니까지도 쫓아가서 처치한다. 제2부
에서 게아타스의 왕이 된 베오울프는 50년 동안 나라를 훌륭하게 다스린다. 그런
데, 땅 밑의 보물을 지키던 용이 보물을 도둑맞고는 분노하여 온나라를 휘젓고 다닌
다. 늙은 왕 베오울프는 부하들을 거느리고 용과 싸우기 위해 출정한다. 불을 토하
는 무서운 용을 본 부하들은 겁에 질려 달아나 버리지만, 베오울프는 홀로 용과 대
결하여 용을 처치한다. 그러나, 베오울프 자신도 용의 독을 쐬어 죽고만다.

콜체스터와 부디카의 반란

로마인은 성채를 지을 곳으로 대부분의 경우, 자신들에게 우호적인 브리턴인의 도시를 골랐습니다. 앞서 쓴 -chester, -cester, -caster를 가진 지명의 제1요소는 물론이고, 콜체스터(Colchester), 치체스터(Chichester), 로체스터(Rochester), 도체스터(Dorchester), 사이렌세스터(Cirencester) 등의 제1요소 Col-, Chi-, Ro-, Dor-, Ciren- 등도 브리튼어에서 비롯된 것입니다.

Colchester의 Col-은 콘(Colne)강을 가리킵니다. 이 땅은 브리턴인 최대의 부족이라 할 트리노반테스족의 도시가 있던 곳입니다. 이 부족은 카이사르가 『갈리아 전기』(V · 20~22)에서도 다루고 있는데, 로마에 우호적이었습니다. 브리튼섬 진공작전이 일단락된 뒤에 리치버러에 상륙한 클라우디우스는 이 도시에 무혈입성합니다.

네로 황제 시대가 되자 콜체스터에는 신격화된 황제 클라우디우스를 모시는 신전이 세워졌습니다. 이 신전을 짓는 데에는 브리턴인의 세금과 노동, 희생이 동원되었으며, 그 부담을 감당할 수 없었던 그들은 노퍽 부근의 이케니족으로 남편을 갓 여읜 왕비 부디카를 우두머리로 삼아 반란을 일으킵니다.

부디카의 반란은 타키투스에 의해 지금도 전하고 있습니다. 기원 61년의 일인데, 로마군은 이케니족의 모든 호족에게서 조상 대대로 내려오던 토지를 몰수하고, 왕족들까지도 노예 다루듯 하고, 왕비 부디카를 포박하고는 그녀의 딸들을 강간하고 말았습니다. 부디카는 그 처사를 참지 못하고, 패배하리라는 것을 알고 있는 전투

고대 로마제국의 종속국이었던 브리턴의 이케니족의 여왕. 보아디케아라고도 한다. 로마의 압제에 저항해 반란을 일으켜 약 2년 동안 로마의 정주지를 약탈했다. 이케니족의 왕이자 부디카의 남편이었던 프라수타구스는 죽으면서 자신의 개인재산을 두 딸과 네로황제 앞으로 남겼다. 가족들이 로마황실로부터 보호받기를 바라는 마음에서였다. 그러나, 로마는 이케니 왕국을 병합하고, 주요 부족을 약탈하고, 왕족들을 모욕했으며, 아직 10대 소녀였던 부디카의 두 딸을 겁탈했다. 당시 속주의 총독이었던 수에토니우스 파울리누스가 잠시 브리턴을 비운 사이에 부디카는 이스트 앵글리아 전역에서 반란을 일으켰다. 부디카는 카물로두눔(콜체스터), 론디니움(런던), 베를라미움(세인트 올번스) 등을 차례로 점령하고 파괴해나갔다. 2년여 동안 반란은 크게 성공을 거두었고, 로마군은 거의 패퇴했다. 타키투스에 따르면 부디카는 로마인과 친로마파 브리턴인 수만명을 학살했다고 한다. 그러나, 군사적인 기술 면에서 로마의 정규군에 비할 수 없었던 이케니족과 브리턴족 연합군은 결국 무너지고, 부디카는 자살했다. 오늘날까지도 부디카는 브리턴의 가장 위대한 여성 영웅으로 기억되고 있다.

에 '여인의 결의'로 떨쳐일어납니다. 전투에 나선 부디카의 모습을 타키투스는 다음과 같이 기록하고 있습니다.

"해안을 따라 적(브리턴인)이 만반의 준비를 갖추고 대기하고 있었다. 무기와 남자들로 빽빽이 들어찬 전열. 그 사이를 누비며 이리저리 뛰어다니고 있는 여인. 흡사 복수의 여신인 양 상복을 걸치고 머리칼을 헝클어뜨리고 관솔불을 번쩍 치켜들고 있다. 주위에서는 드루이드들이 두 손을 하늘로 뻗어올리고 소름끼치는 주문을 읊고 있다. 이 신기한 광경에 우리 병사는 완전히 겁을 집어먹고, 온몸이 마비된 듯 한 발짝도 움직이지 못하고, 적의 공격에 몸을 드러내고 있다."(『연대기』 XIV · 30)

부디카의 반란은 처참함의 극치를 달렸는데, 타키투스에 따르면 브리턴인 8만명의 희생자와 로마병사 400명의 희생자를 냈으며, 부디카도 독을 마시고 죽었습니다. 그 주검 수의 극단적인 차이에서, 조직화된 직업군인 집단 대 민중의 봉기라는 도식이나, 아기 손목 비틀 듯 닥치는 대로 살육을 해대던 로마인의 가책없는 잔학성을 느낄 수 있습니다. 그러나, 콜체스터를 시작으로 런던, 그리고 더 북쪽의 세인트 올번즈도 파괴당해 로마의 브리튼섬 점령은 잠시 좌절됩니다.

부디카의 반란에 관한 타키투스의 기술은 역사서로서는 너무 드라마틱한 경향이 있습니다. 그 점은 게르마니아에서 자유와 독립을 요구하며 과감히 싸웠던 자부심높은 아르미니우스에 관한 묘사와도 많이 닮았습니다. 주관을 집어넣은 타키투스의 글에서 티베리우스, 칼리큘라, 클라우디우스, 네로로 이어진 황제들의 치세 때 일어났던 음모와 혼란, 압정 등에 타키투스가 얼마나 몸서리치고 있었는지를 느낄 수 있습니다.

완전히 파괴되었던 콜체스터는 그 뒤에 한층 견고한 성채도시로 재건되고 로마의 식민시로 크게 번창합니다. 그것은 브리튼섬에서 최초의 도시라 부를 수 있는 것이었습니다.

기원 410년을 경계로 가장 큰 경제적 버팀목이었던 로마군이 사라지자 사람들은 시골로 흩어져갔고, 브리튼섬에 있는 로마의 다른 성채나 식민시와 마찬가지로 콜체스터도 급속히 황량해졌습니다. 그래도, 그 뒤에 앵글로색슨인이 들어왔을 무렵까지도 여전히 4천 명 정도의 브리턴인이 살고 있었다고 추정되고 있습니다. 당시로서는 브리튼섬 최대의 도시였지요.

윈체스터(Winchester)는 브리턴인이 벤타(Venta)라고 부르던 곳에 세워진 로마의 성채도시였습니다. 나중에 잉글랜드 통일을 이루어 앵글로색슨 혼의 정신적 근거가 되었던 앨프리드 대왕이 이끄는 에식스의 수도가 되어, 노르만인의 정복 뒤에 처음으로 도시가 생겨났습니다. 둠즈데이 북도 여기서 편찬되었습니다. 윈체스터 자체는 켈트 이전의 지명에서 유래하며 뜻은 '수도(chief place)'라고 여겨지고 있습니다.

수상운송의 요충과 로마의 도시

레스터(Leicester), 우스터(Worcester), 글로스터(Gloucester) 등은 발음에 주의해야 합니다. 앞서 썼듯이 라틴어 castra(성채)가 앵글로색슨어로는 ceaster(체아스테르)가 되었는데, 노르만인은 cestre라는 철자로 썼습니다. 그것이 차츰 철자 그대로 '세스터'라고 발음되게 되고, 거기에 위에 쓴 지명의 단어 중에서 약음화된 '세'가 탈락해서 '스터'라 발음되게 됩니다.

레스터는 원래는 브리턴인의 부족의 중심 도시였습니다. 지명의 제2요소 Lei-는 Leire라는 강이름이자 강 근처에 사는 부족 이름이었습니다. Leire는 프랑스의 루아르(Loire)강과 친척인 말에 해당하며 뜻은 '탁하다' 라고 여겨지고 있습니다. 강기슭의 언덕인 힐포트를 보강해서 로마인이 요새를 건설하는데, 그 지점은 링컨과 엑시터를 잇는 포스 웨이의 나루터로서 중요한 의미를 갖게 되었습니다. 오늘날 그 강은 소(Soar)강이라 불리며 북쪽은 트렌트강을 거쳐 험버강으로 통하고 있습니다. 또한 트렌트강과 위덤강을 거쳐 링컨으로도 통하고, 더욱이 남쪽은 런던으로도 통하는 운하에 의해 연결되어 있습니다. 거룻배가 천천히 비껴지나가고 있는데, 예전에는 물자수송에 쓰였습니다.

글로스터는 로마 시대에는 글레붐(Glevum)이라 불렸던 식민도시였습니다. 이 땅에는 군단이 주둔하는 성채가 있었는데, 군단이 웨일스의 카엘레온으로 옮겨가고는 링컨과 마찬가지로 퇴역군단병의 식민지가 되었습니다. Glevum은 브리튼어로 '밝다' (bright)를 뜻하는 말이었습니다. 이 땅은 항해할 수 있는 세번강에 깊숙이 들어온 후미의 안쪽에 있어, 지류가 합류하는 전략지점이라는 것만으로 로마인이 군단 주둔지를 건설했던 것입니다. 오늘날에도 글로스터에는 수송선이 드나들 수 있는 선착장이 있어 교역으로 번창한 도시였음을 알 수 있습니다.

우스터는 글로스터에서 세번강을 거슬러올라간 지점에 있는 브리턴인의 힐포트에서 발전한 도시입니다. 웨일스 산지와 코츠월드 사이의 분지에 쌓아올려진 힐포트는 세번 분지를 내려다볼 수 있는 언덕에 있으며, 지류와의 합류점이기도 했습니다. 이 군사적 요충지에 로마인은 요새를 건설했습니다. Worcester의 Wor-도 브리턴 지족의 이름이었습니다. 우스터를 북쪽으로 가면 록스터를 거쳐서 체스터로 통하며, 오늘날에는 항해할 수 있는 운하로 연결되어 있습니다.

록스터(Wroxeter)나 엑시터(Exeter)의 어미 -eter 등도 노르만인의 영향에 따른 것입니다. 록스터는 체스터로 옮겨질 때까지 잠시 군단의 본영이 설치되었던 곳입니다. 둠즈데이 북에는 Rochecestre라 기록되어 있는데, 이윽고 철자를 좇아서 오늘날처럼 발음되게 되었습니다.

로마의 성채와 바이킹

-chester는 잉글랜드 남부에 많은 지명 어미로서 앵글로색슨어적이며, -caster는 전통적으로 바이킹적이라고 여겨져 왔습니다. 앵글로색슨인이 정착해 살고 있던 곳에 북유럽인이 드나들면서 차츰 북유럽어적인 발음으로 바뀌었다고 여겨지지요. 북유럽인의 영향이 전부인지에 대한 의문은 남는다 하더라도 church(교회), shirt(셔츠), Shipton(원래 뜻은 양의 농장)이 바이킹의 커뮤니티에서는 kirk, skirt, Skipton이 되어 있는 것을 보면, 일반론적으로 전자가 앵글로색슨적임에 비해 후자는 북유럽계 말이라 생각해도 괜찮을 것 같습니다.

워틀링 스트리트에서 남쪽은 앵글로색슨인이 지배했던 지역이고, 북쪽은 북유럽인이 지배했던 데인로 지역입니다. 맨체스터나 치체스터 등은 바이킹이 세력을 갖기 이전에 크게 발전하고 있었으므로, 그 지명을 바꾸는 데에는 자연히 저항이 생겨서 앵글로색슨적인 발음이 남았던 것입니다.

요크셔의 동커스터에는 돈(Don)강변에 건설되었던 로마 요새가 있었습니다. Don은 브리턴인의 말이며 뜻은 '강'입니다. 오늘날 돈강은 그닥 강폭이 없고 딱히 인상깊은 강은 아닙니다. 그러나, 험버강에서 동커스터까지 항해를 할 수 있어 이곳이 중요한 전략지점이었음을 알 수 있습니다.

랭커스터는 아일랜드해가 깊은 후미가 되어 있는 룬(Lune)강 하구에 지어진 로마의 요새에서 발전한 항만도시입니다. 요새는 항구를 내려다볼 수 있는 전략지점에 있었습니다. 체스터, 랭커셔, 컴브리아에 이르는 지역은 아일랜드의 더블린 등에서 노르웨이계 바이킹이 많이 옮겨왔던 곳으로 북유럽계 지명이 많이 보입니다.

로마인의 요새 주위에서 발전했던 집락

영국에는 샌드위치(Sandwich), 노리치(Norwich), 워윅(Warwick), 위컴(Wickham) 등 -wich, -wick, Wick-을 구성요소로 가진 지명이 많이 있습니다. 이들은 로마인의 영향 아래에 있었던 브리턴인의 말에서 앵글로색슨어로 들어간 것입니다.

앵글로색슨어 wic(집락)은 라틴어 vicus(부락, 마을, 농장, 농부의 집, 마을의 구획)가 어원입니다. vicus는 colonia(식민시),

municipalium(시민권을 부여받은 자치도시), civitas(지방 부족의 중심 도시로, 로마인 노예 소유자가 공동체화한 소도시) 아래에 자리한 행정단위를 뜻하는 말로 쓰였습니다. 그것은 토착민의 집락을 기본으로 삼은 것이었습니다.

브리튼섬에서는 로마의 요새나 성채 주위에서 병사를 상대하는 상인이나 직인, 노예들이 모여들어 자연발생적으로 생겨난 집락을 라틴어로 vicus라 불렀습니다. 이 라틴어에서 변화한 브리튼어를 초기 앵글로색슨인들은 '로마인화한 브리튼계 주민의 집락'이라는 뜻으로 썼던 것입니다.

-wich와 -wick 등 두 가지 철자가 있는데, -wich는 단수형 wic(위치)에서 생겨난 것이고, -wick은 복수형 wicum(위쿰)이 어원입니다. 몇 채의 가옥 더미를 몇 개 모아서 wickum이라 불렀으리라 생각할 수 있습니다.

워릭은 예전에는 Waerincwicum이라는 철자로 썼습니다. 뜻은 '둑(weir) 근처의 집들'이었습니다. 이 마을은 스트랫퍼드 어펀 에이번을 흐르는 에이번강의 나루터에서 발전했습니다. 둑은 물레방아나 물대기에 필요한 물을 확보하거나, 어업용 봇물을 확보하기 위한 것이었습니다. 나루터를 내려다보는 언덕에 앵글로색슨 시대부터 요새가 있었던 것이 알려져 있는데, 원래는 브리턴인의 힐포트가 있었다고 생각할 수 있습니다. 워릭의 동쪽으로는 포스 웨이가 지나가고 있습니다. 오늘날의 워릭성은 노르만 시대가 되고나서 쌓아올려진 것입니다. 1086년의 둠즈데이 북에는 225채의 가옥이 있었다고 기록되어 있습니다.

잉글랜드 남부에는 위컴(Wickham)이라는 지명이 여기저기 있습니다. 이것들은 로마화한 켈트인 집락 옆에 생겨난 앵글로색슨인의 집락을 가리키는 것이었습니다. 앵글로색슨어 wickham을 어원으로 하는 지명이 잉글랜드에는 적어도 28개 있는데, 그 가운데 24개가 로마인이 닦은 가도 위에 있거나, 떨어져 있더라도 1마일 안에 있다는 조사결과가 있습니다.

노퍽의 중심도시 노리치(Norwich)의 Nor-는 '북쪽'을 뜻하는 앵글로색슨어가 어원입니다. 원래는 부디카를 여왕으로 받들던 이케니족의 중심 도시가 있었던 곳이지요. 오늘날에는 로마시대 유적이 많이 발굴되고 있어 도자기공장이나 신전이 있었음을 알 수 있습니다. 노리치는 몇 개인가 있었던 집락 중에 가장 북쪽의 집락이 발전의 중심이 되었던 데에서 남은 지명입니다.

웬섬강 연안에 자리잡고 있어 하구에서 배로 물자를 나를 수 있었던 노리치는 교역의 중심지이기도 했습니다. 둠즈데이 북이 편찬된 무렵에는 거의 5천명이 사는 잉글랜드 유수의 마을로 발전해 있었습니다. 영국 해협으로 흐르는 강은 각각 깊은 후미를 갖고 있어 런던으로 항해하기 쉬운 곳이기도 했습니다. 그 후미 주위는 오늘날에도 항해할 수 있는 강이나 운하가 많습니다.

중요물자였던 소금

-wich나 -wick을 가진 집락은 낙농을 주산업으로 하는 곳이 많

았지만, 상업적인 집락도 있었고, 중요한 생필품인 도자기나 철기를 제조하거나 소금을 정제하는 마을도 있었습니다. 스탭퍼드셔의 해머위치(Hammerwich)는 망치 등을 만드는 대장간을 뜻하는 지명입니다. 체셔의 노스위치(Northwich)나 낸트위치(Nantwich)는 소금을 정제하는 집락이었습니다. Nant-는 named(유명한)이며, 이 지명은 '이름난 제염집락'이라는 뜻입니다. 둠즈데이 북에는 Wich라는 이름으로 실려 있으며, 소금을 기준으로 세금이 매겨지고 있었습니다. 오늘날 낸트위치는 근대적 제염업에서 뒤떨어진 덕분에 영국의 전통적인 목재 건축인 팀버 하우스가 많이 남아 있는, 아름답고 매력적인 분위기의 마을입니다.

웨일스와 페나인 산맥 사이의 평지는 태초에는 얕은 바다였던 곳입니다. 그것이 육지가 되는 과정에서 두께 30미터나 되는 소금층이 생겨났고, 지금은 지하 20미터에 그 층이 묻혀 있습니다. 그 소금이 녹아 26%나 되는 농도의 소금샘이 되어 낸트위치의 지표로 나온 것입니다. 바닷물의 소금 농도가 3%이니 이 소금샘이 얼마나 많은 염분을 함유하고 있었는지를 알 수 있습니다. 이 지방에서는 간단히 말하자면, 소금샘에서 소금물을 퍼내어 커다란 가마에서 끓여서 소금을 정제했습니다. 17세기에 석탄을 캐내는 과정에서 암염층이 발견되었고, 그 뒤로 오늘날까지 대대적인 제염이 이루어지고 있습니다.

로마시대부터 소금을 만들고 있었던 곳은 낸트위치 외에, 북쪽의 노스위치(Northwich)나 미들위치(Middlewich), 스탭퍼드셔의 드로이트위치(Droitwich) 등입니다. 노스위치는 요크에서 맨체스터를 지나 체스터에 이르는 로마 가도 위에 있어, 요새가 쌓아올려졌습니다. 그것은 제염소를 지키기 위해서였을 것입니다.

체스터에 파견된 군단은 라인강 연안에서 활약한 뒤 브리튼섬으로 쳐들어 왔습니다. 체스터의 박물관에는 그곳의 요새에서 죽은 로마군 병사의 묘비가 몇 개나 전시되어 있습니다. 그들 묘비를 보면 군단병이 스페인이나 로마는 물론, 도나우강 기슭 지역이나 소아시아에서도 불려왔음을 알 수 있습니다.

이렇듯 먼 곳으로 파견된 병사들에게 소금이 얼마나 중요했는지는, 샐러리맨의 샐러리(salary)가 salt(소금)와 같은 어원의 말이라는 사실로부터도 엿볼 수 있습니다. 샐러리란 로마 병사가 소금을 사기 위해 정기적으로 지급받았던 급여였습니다. 그것은 소금이 통화 가치를 갖고 있었음을 나타내며, 소금 100킬로그램이 있으면 집을 살 수 있을 정도였다지요. 샐러드(salade), 소시지(sausage), 소스(sauce), 살라미(salami) 등은 모두 salt와 같은 어원의 말입니다. 보존식이나 조미료에 소금은 빠뜨릴 수 없는 것이었습니다.

요크의 역사와 지명

요크(York)에도 사실은 -wich가 숨어 있습니다. 요크는 브리튼섬 북부 지방을 지켜야 할 필요 때문에 로마의 군단이 배치된 곳입니다. 콜체스터, 피터버러, 링컨으로 북상해온 군단의 주둔지가 우즈 강과 포스강의 합류점에 설치된 것은 기원 71년이었습니다. 두 개의 강에 끼인 육지는 홍수 위험이 비교적 적고, 방위에도 적합했습니다. 우즈강을 내려가면 험버강을 거쳐 북해로 나갈 수 있고 물자를 운반하는 커다란 배도 다닐 수 있었습니다. 이런 지점에 군단을 주둔시켰던 것은 남부의 브리턴인이 평정된 뒤에도 저항을 계속했던 북쪽의 브리간테스족을 평정하기 위해서였습니다.

당시 요크는 에보라쿰(Eboracum)이라 불렸으며, 앞에 썼던(제2장) 브리간티아를 믿는 브리간테스족의 도시이기도 했습니다. 에보라쿰은 그들의 우두머리인 에부로스(Eburos)에서 유래하며, 뜻은 '주목(朱木)의 숲' 입니다. 주목은 수령이 길어서 늙고 큰 나무가 되는 상록수로, 오크와 마찬가지로 예전부터 켈트의 수목신앙의 대상이 되었던 나무였습니다. 영국에서는 교회의 묘지 등에서 많이 보이며 불사의 상징으로 여겨지고 있습니다.

이 에보라쿰은 트리어를 거점으로 로마제국의 서부(갈리아, 이스파니아, 브리타니아)를 다스리고 있던 황제 콘스탄티누스(재위 305~306)가 픽트족과의 전투를 위해 머물던 곳이었습니다. 황제가 이곳에서 사망하자, 아들 콘스탄티누스가 아버지의 뒤를 이어 황제 자리에 앉기 위해 군사를 일으켰습니다. 그 거사는 이윽고 제국의 재통일에 이르는 전투의 발단이 됩니다.

그러나, 에보라쿰은 4세기 말 무렵이 되면 제국의 내전에 의해 허술해진 방비를 타서 북쪽의 픽트족이나 앵글로색슨인의 침입에 다시 골머리를 앓게 되었습니다. 그리고 로마군이 410년에 대륙으로 귀환한 뒤 반세기가 지났을 무렵부터 에보라쿰의 성채 주변에

앵글로색슨인이 정착하게 되고, 지명도 바뀌어서 에오포르윅
(Eoforwic)이라고 불리게 됩니다. 그와 더불어 Ebor-가 앵글로색슨
어 eofor(야생의 돼지, 멧돼지)라 해석되게 되었습니다. 멧돼지는 앵
글로색슨인들의 중요한 식량이자, 그들이 대륙시대부터 전통적으로
믿고 있던 풍요와 생식의 신 프레위르의 성스러운 동물이기도 했습
니다.

에오포르윅은 험버강 중심의 북쪽 일대, 즉 노섬브리아를 다스
렸던 앵글로색슨왕 에드윈(재위 617~633)의 중심 도시가 되고, 627
년에 에드윈이 그리스도교로 개종한 뒤로는 그리스도교 포교의 거
점이 되었습니다. 린디스판 출신 수도사의 영향으로 아일랜드계 그
리스도교의 색채가 짙기는 했지만, 에드윈의 개종 자체는 캔터베리
에서 파견된 사제 파울리우스에 의한 것이었지요.

『앵글로색슨 연대기』에 따르면 요크는 866년에 바이킹의 대습격
을 받고, 869년에는 그들이 지배하는 곳이 됩니다. 그 뒤로 에오포
르윅은 바이킹들의 실질적인 중심 도시가 되어 요르빅(Jorvik)이라
불리게 되고, 그것이 바뀌어 현재의 지명이 된 것입니다. 둠즈데이
북에는 유르윅(Euruic)이라고 적혀 있습니다.

로마군의 항구에서 발전한 지명

타키투스는 게르마니아에서 전공(戰功)이 있었던 게르마니쿠스
의 전략을 추측하는 형태로, '병사나 장비, 식량 등을 육로로 운반
하면 적의 공격을 받기 쉽지만, 수로라면 적지 깊숙이까지 쉽게 운

반할 수 있으며, 기마도 병사도 완전한 형태로 적진까지 갈 수 있으므로 유리하다'고 말하고 있습니다(『연대기』 II · 5).

잉글랜드 남부의 해안에는 두메산골까지 병력이나 물자를 수송하기 위한 기지로서 건설되었던 항구가 많이 있고, port를 지명으로 가진 곳이 몇 개나 있습니다. 전형적인 것이 포트체스터(Portchester)입니다. 포트체스터는 오늘날 포츠머스만의 안쪽에 있는 로마군의 항구를 지키는 요새였습니다. 포츠머스(Portsmouth)란 그 '항구의 입구'라는 뜻의 지명인데, 포츠머스 자체도 천연의 요항으로, 로마 시대에는 포르투스(Portus : 항구)라 불리고 있었습니다. 오늘날에는 영국 유수의 군항으로 제2차 세계대전 말기에 노르망디 상륙작전의 총사령부가 설치되었던 곳으로도 알려져 있습니다.

도체스터의 남쪽 바다에 본토(本土)와는 자갈의 '모래언덕'으로 이어진 섬 포틀랜드(Portland)가 있습니다. 본토와 모래언덕과 섬은 만(灣)을 형성하고 있습니다. 이 섬의 북쪽 끝도 역시 로마군의 항구로 쓰였습니다. 포틀랜드의 건너편에 웨이머스(Weymouth)라는 마을이 있습니다. 이 지명은 '웨이(Wey)강의 하구'라는 뜻으로, 도체스터로 향하는 로마 가도의 기점이 되었던 곳입니다. 이 포틀랜드만에는 둑이 쌓아져 만의 안쪽은 커다란 항구가 되었습니다.

브리스톨을 흐르는 에이번강 하구에 있는 포티스헤드(Portishead)는 로마의 항구로, 포트베리(Portbury)에는 그 항구를 지키는 요새가 있었습니다. 브리스톨만의 안쪽에서 세번강을 거슬러 올라가면 앞서 쓴 글로스터가 있습니다.

도버는 로마시대에는 포르투스 두브리스(Portus Dubris)라 했습니다. 대륙에서 가장 가까운 요항으로, 리치버러가 토사에 묻혀 항구로서의 기능을 충분히 못하게 되었기 때문에, 3세기에 물자나 병사의 보급과 교역을 위해 건설되었던 것입니다. Dover는 Dubris가 변화해서 만들어진 지명입니다. 도버성의 시초는 항구에 드나드는 배를 위한 등대였습니다.

마켓 타운으로서의 포트

군항은 통상기지이기도 해서, 마켓이 열렸습니다. 그리고, 앵글로색슨어에서 들어온 port는 '시장이 열리는 마을' 이나, 간단히 '마을' 이라는 뜻으로 쓰이게 되었습니다. 브리튼섬 여기저기에 있는 대부분의 뉴포트(Newport)나, 맨체스터 남동쪽 마을 스톡포트(Stockport), 포츠머스의 건너편 고스포트(Gosport) 등이 예입니다.

스톡포트는 예전에는 Stokeport라는 철자로 쓰이고 있었습니다. Stoke-은 도자기로 유명한 스톡 온 트렌트(Stoke-on-Trent)의 Stoke-과 마찬가지로, 어떤 집락에서 갈라져서 생겨난 집락이라는 뜻이 있습니다. 그러나, 이 말에는 '신성한 장소' 라는 뜻도 있어 뒤에 쓸 Stow-와 마찬가지로 쓰였습니다. 이렇게 보면, 스톡포트는 마을 변두리의 집회장소 부근에 생겨난 새로운 마을에서 시장을 열 수 있는 권리를 얻어 발전해간 마을이라 생각할 수 있습니다.

포츠머스 건너편의 고스포트(Gosport)는 God' s port가 둔화된 것일 가능성을 향토사가는 지적하고 있습니다. 그러나 『옥스퍼드 지명사전』(1998)은 Gos-는 goose(거위)라면서, 거위시장이 섰던 데에서 이런 이름이 붙었다고 쓰고 있습니다.

흰 거위(snow goose)는 오늘날에는 기름기가 많아 사람들이 꺼려해서 먹지 않게 되었지만, 중세에는 중요한 식량이었습니다. 카이사르는 『갈리아 전기』(V · 12)에서 브리턴인에 관해 "토끼나 닭이나 거위를 먹는 것은 좋지 않은 일이라 여기고 있다. 그러나, 이것을 심심풀이나 취미삼아 키우고 있다"고 기록하고 있습니다. 신빙성은 제쳐두더라도, 이 기술에서 알 수 있는 것은 갈리아의 켈트인과 게르만인, 그리고 로마인이 옛날부터 거위를 식량으로 늘상 먹고 있었다는 사실이지요.

4장

게르만적 브리튼의 형성

로마인이 사라진 뒤 브리튼섬은 이른바 힘의 진공상태가 되어 로마화한 브리턴인이 서로 갈라져 항쟁을 되풀이하고 있었습니다. 거기에 통틀어 앵글로색슨인으로 불리게 된 게르만인들이 밀려옵니다.

앵글로색슨 시대의 잉글랜드가 어땠는지는 베다의 『영국교회사』가 일급정보를 제공하고 있습니다. 책에 따르면 앵글로색슨인이 잉글랜드에 대거 몰려온 것은 기원 450년 무렵이고, 성 오거스틴이 로마교황으로부터 파견되어 온 것은 597년입니다. 성 오거스틴과 일행은 그리스도교를 이해한다고 생각했던 켄트왕 에설버트가 있는 곳에 왔던 것입니다. 6세기 말 무렵에는 켄트, 에식스(동東색슨), 서식스(남南색슨), 웨식스(서西색슨), 이스트 앵글리어, 머셔, 노섬브리아 등 앵글로색슨인의 일곱 왕국이 성립되어 있었습니다.

베다는 또한 책의 제1권 제1장에서 브리튼섬에 관해 곡물도 목재도 풍부하고, 목초지가 많고, 어류는 풍성하고, 소금샘이나 온천이 여기저기 있고, 많은 광석이 묻혀 있다고 쓰고, 게다가 28개의 아주 훌륭한 도시가 존재하고, 헤아릴 수 없을 만큼의 요새가 있으며, 거기에는 탑과 벽, 선반을 갖춘 문이 있다고 쓰고 있습니다. 28개의 도시란 요크나 링컨 등을 시작으로 한 로마의 성채에서 비롯된 도시라 생각할 수 있습니다. 이런 지리와 풍토는 지명에도 커다란 영향을 미쳤습니다.

영국 지명의 전국적인 공식기록으로는 1086년에 작성된 토지대장 둠즈데이북이 최초입니다. 이 토지대장에서 게르만화가 진행된 중세 전기에 어떤 지명이 태어났는지 알 수 있습니다.

1.
앵글로색슨인의 정주지와 지명

캔터베리와 에딘버러

역사가 베다의 시대에서 1백년여의 세월이 지난 뒤, 앨프리드 대왕(재위 871~899)은 바이킹 세력을 워틀링 스트리트 북쪽으로 몰아내고 웨식스(Wessex)의 지배권을 확립하고는, 여기저기의 전략지점에 요새(burh)를 쌓았습니다. 그 가운데 대부분은 예전 로마의 요새나 성채를 이용한 것이었습니다. 앵글로색슨인은 돌로 된 요새를 쌓는 기술을 갖고 있지 않았기 때문에 나무를 썼는데, 그것을 포함해서 각지의 요새는 노르만 시대에 차츰 튼튼한 돌로 지은 요새로 바뀌어갔습니다.

-bury 이외에, -burgh, -borough나, Bur-, Bour- 등의 대부분은 시벽(市壁)으로 둘러싸인 마을이나 성채나 요새도시를 가리켰습니다. 캔터베리(Canterbury), 에딘버러(Edinburgh), 그리고 케임브리지셔의 피터버러(Peterborough) 등이 그런 예입니다.

영국국교회 총본산이 있는 도시인 캔터베리는 지금도 노르만풍의 시벽이 남아 있고, 대성당과 어우러져 중세 분위기가 잘 남아 있습니다. 초서의 『캔터베리 이야기』로도 알려졌듯이, 1170년에 대성당 안에서 순교한 성 토머스 베케트를 사모해 중세 후반에는 왕성하게 순례가 행해졌던 곳입니다. 그러나, 국왕과 대립한 일이 있어 정치적 영향력이 약화되었고, 종교적으로도 북부 잉글랜드의 요크에 중심적 지위를 빼앗겼기 때문에 오늘날에는 인구 3만 5천 정도의 소도시입니다.

캔터베리는 클라우디우스 황제가 브리튼섬으로 쳐들어왔던 기원 43년에 로마인이 지배하는 마을이 되고, 기원 300년 무렵에는 멋진 시벽을 가진 상업도시로 발전해 있었습니다. 그러나, 군단이

캔터베리 대성당이 보이는 캔터베리 풍경.

주둔하는 성채도시라고 불릴 만큼은 아니었고, 앵글로색슨인이 들어왔던 5세기에는 도시는 황폐해지고 시벽도 무너져 있었습니다. 지명 어미가 -chester가 아니라 -bury가 되어 있는 한 가지 이유는 로마인의 요새나 성채를 특징짓는 위용이 없기 때문이라 여겨지고 있습니다.

6세기 말에 에설버트왕(재위 560~616)의 수도가 되었는데, 정주지의 중심은 시벽 바깥에 있었습니다. 성 오거스틴(성 아우구스티누스)이 와서 세운 수도원은 그 정주지 끝머리의 왕령(王領)에 있었다고 여겨지고 있습니다. 8세기에는 앵글로색슨인의 정착이 진행되어 시벽은 복구되었습니다.

Canterbury의 Canter-는 브리튼어 Cantii(캔티족어)가 어원입니다. 새닛섬과 본토 사이의 해협에서 본토 쪽으로 깊숙이 들어간 후미 안쪽에 있는 나루터에 생겨난 브리턴인의 집락이 기원이며, 로마가 쳐들어오기 전에 이미 로마와 우호적인 관계를 맺었으며 문명도 발달했던 캔티족의 도시였습니다. 켄트(Kent)는 '캔티족의 땅' 이 원래 뜻입니다.

스코틀랜드의 에딘버러는 전통적으로 '에드윈의 성채' 라 해석되어 왔습니다. 에드윈은 노섬브리아를 그리스도교화했던 성인왕이지요. 에드윈이 다스리던 시절에 에딘버러가 잠시 동안 그의 지배 아래에 들어갔던 데에서 이 땅이 에드윈이 세운 성채에서 비롯된다고 여겨졌던 것입니다.

그러나, 캐슬록이라 불리는 바위산에는 켈트의 오래된 요새가 있었습니다. 바위산은 주위보다 한층 더 낮아져 굴 속의 굴처럼 된 계곡에서 솟구치듯이 우뚝 서 있어 건너편의 포스만을 오가는 배들을 성에서 감시할 수 있습니다. 그 요새는 에이딘(Eidyn)이라 불리고 있었습니다. 거기에 앵글로색슨인이 -burgh를 붙인 것입니다. 제1요소인 Ei-의 뜻은 알 수 없지만, -dyn은 켈트어인 dun(힐포트)입니다.

에딘버러가 스코틀랜드의 수도로 여겨지게 된 것은 15세기의 스튜어트 왕가 이후입니다. 에딘버러성은 스코틀랜드왕 제임스 6세의 어머니이기도 한 여왕 메리 스튜어트(재위 1542~1567)가 살던 성으로 알려져 있습니다. 그러나, 메리가 엘리자베스 1세에 의해 처형되고, 그의 아들 제임스 6세가 잉글랜드왕 제임스 1세(재위 1603~1625)

에딘버러성.

로서 런던으로 옮긴 뒤로는 독립왕국의 수도로서의 지위를 잃었습니다.

비극의 왕비 캐서린이 묻힌 곳, 피터버러

아름다운 대성당과 그 앞에 매력적인 광장을 가진 케임브리지셔의 도시 피터버러는 옛날에는 북해에서 깊숙이 들어온 소택(fen)에 면한 곳에 생겨난 커뮤니티였습니다. 오늘날 그 소택지는 메워져 드넓고 기름진 농지가 되었으며, 피터버러는 농산물의 거래지이자 가공지입니다.

피터버러는 로마의 군단이 링컨으로 이동할 때까지의 사이에 주둔지였던 곳입니다. 군단이 북쪽으로 이동한 뒤로는 퇴역군단병의 식민지가 되었으므로 주변의 소택지가 메워지고 유력한 빌라가 몇 개나 생겨났습니다.

로마인이 물러간 뒤로는 앵글로색슨인이 예전의 성채 외곽에 정착했습니다. 10세기에는 방벽도 쌓아올려지고 부르그(Burg)라 불리게 됩니다. 그리고, 노르만 시대인 1118년에 수도원 건축이 시작되고, 1238년의 성 베드로에게 바쳐진 헌당식 무렵에는 마을 이름도 피터버러가 됩니다. 12세기부터 13세기는 잉글랜드를 정복한 노르만인이 무력과 교회를 두 개의 기둥삼아 발판을 굳히려 했던 시대였습니다.

피터버러는 헨리 8세가 소년시절을 보낸 곳입니다. 그런 관계는 1539년의 수도원 해체령에 의해서도 깨지지 않았고, 주교좌 교회로 바뀌어 번창했습니다. 그런 피터버러의 대성당은 헨리 8세의 첫 왕비 캐서린의 묘소가 있는 곳으로 알려져 있습니다.

왕비 캐서린은 이스파니아의 아라곤왕 페르난도와 카스티야 여왕 이사벨라 사이에 태어난 막내딸입니다. 이슬람 세력을 최종적으로 몰아내고 이베리아 반도에 민족국가 스페인이 성립된 1492년부터는 그라나다의 알함브라 궁전에서 자랐습니다. 그리고, 르네상스 최대의 인문주의자 에라스무스가 칭송할 정도로 당시 여성으로서는 최고의 교육을 받았습니다.

캐서린은 밝고 따뜻한 그라나다에서 열여섯 어린 나이에 헨리 7세의 황태자인 아서의 비로 영국에 왔습니다. 그런데, 불과 넉 달이 될까 말까 할 때 남편이 세상을 떠나고 그 동생인 '폭군'과 재혼합니다. 두 사람 사이는 처음에는 좋았습니다. 그러나, 불행하게도 왕

헨리8세(왼쪽)와 그의 첫 왕비인 아라곤의 캐서린(오른쪽).

위를 계승하리라 기대를 걸었던 사내아이를 둘이나 잃었습니다. 그 때문에 마침내는 남편도 돌아보지 않게 되었습니다. 그리고, 두 사람의 이혼을 둘러싸고 나라가 둘로 쪼개질 운명에 처했던 그녀의 삶은 고뇌로 가득찬 것이었습니다.

'겸허와 충성'을 모토로 평생을 살아갔던 그녀를 향해 국민들은 강한 존경심과 동시에 커다란 동정심도 품고 있었으므로 장례식도 정중히 치러졌습니다. 그러나, 장례식은 아서의 비의 명의로 행해졌으며 헨리 8세는 아예 참례하지도 않았습니다. 오늘날에도 피터 버러의 대성당을 찾아가보면 그녀의 묘소에는 일반인이 바친 듯한 꽃다발이 보여 오늘날에도 사람들이 캐서린을 연모하고 있음을 알 수 있습니다.

초기 이주자들의 집락

영국에는 -ham을 가진 지명이 많이 있습니다. 이 지명 어미는 '부락'이나 '가옥 부지'라는 뜻으로 영어의 home이나 독일어의 Heim과 어원이 같습니다. 이들 게르만어는 안전한 주거나 정착 장소를 뜻하는 말이었습니다.

고고학 연구 결과, 앵글로색슨어인 ham을 가진 지명이 로마인이 깔았던 군용도로를 따라 지어진 성채나 요새, 로마화된 켈트인의 집락에서 가까운 곳에 집중되어 있음을 알게 되었습니다. 거리는 2킬로미터 전후에서 3킬로미터 정도이며, 이것으로 미루어보건대 그들의 이주가 처음에는 적대적이지 않았으리라는 것을 상상할 수 있습니다.

실제로 『앵글로색슨 연대기』에는 기원 449년에 세 척의 배로 새 넷에 용병으로 왔던 앵글로색슨인이 그 땅의 브리턴인 일족을 경호하는 계약을 맺고 토지를 받았다고 기록되어 있습니다. 그리고, 땅이 기름지고 브리턴인이 무능하다는 것을 알아차린 앵글로색슨인들이 차츰차츰 대륙에서 동료들을 하나둘 불러들여 마침내는 자신들을 불러들였던 브리턴인을 지배하게 되는 것입니다. 그런 이주자들이 모여서 생긴 집락이 ham이었습니다.

앵글로색슨인이 이주해왔던 초기에 생겨난 집락 가운데 -ham을 가진 땅은 대부분 로마시대에 이미 개척되어 있던 곳이었습니다. 베다가 『영국교회사』에서 썼던 라틴어 civitas는 앵글로색슨어 번역본에는 ham이 되어 있습니다. civitas란 브리턴인 부족의 도시를 가리키는 말이었습니다. 이것은 8세기 전반의 앵글로색슨인 집단이 비교적 컸으며, 브리턴인의 마을이나 집락을 삼키면서 발전해갔음을 나타내고 있습니다.

영국에는 또한 레딩(Reading)이나 헤이스팅스(Hastings)와 같이 -ing(s)을 가진 지명이 남부에 많이 보입니다. 이들 지명의 제1요소는 개인명이고, -ing은 '일족(family)'이라는 뜻으로도 쓰였습니다. 이 경우 '일족'이란 직접적 혈족은 물론, 같은 제의를 행하고 공동 작업에 의해 생계를 꾸리고 방위에 임하는 집단으로 게르만 민족이 이동할 때의 최소단위를 구성하는 것이었습니다. -ing이 '일족'이라는 뜻에서 일족의 정주지라는 뜻으로 브리튼섬에 정주했던 앵글로

윅
잉바네스
로크 네스
북해
로크 로몬드
론만
포스만
린디스판
에딘버러
글래스고
클라이드만
뉴캐슬
북아일랜드
칼라일
더럼
스카버러
요크
랭커스터
험버강
하워스
더블린
셰필드
그림스비
맨체스터
아일랜드
링컨
체스터
더비
트렌트강
보스턴
버밍엄
피터버러
럭비
우스터
케임브리지
글로스터
옥스퍼드
런던
뉴포트
템스강
바스
캔터베리
브리스톨
사우샘프턴
포츠머스
도버
엑시터
세인트 마이클스 마운틴

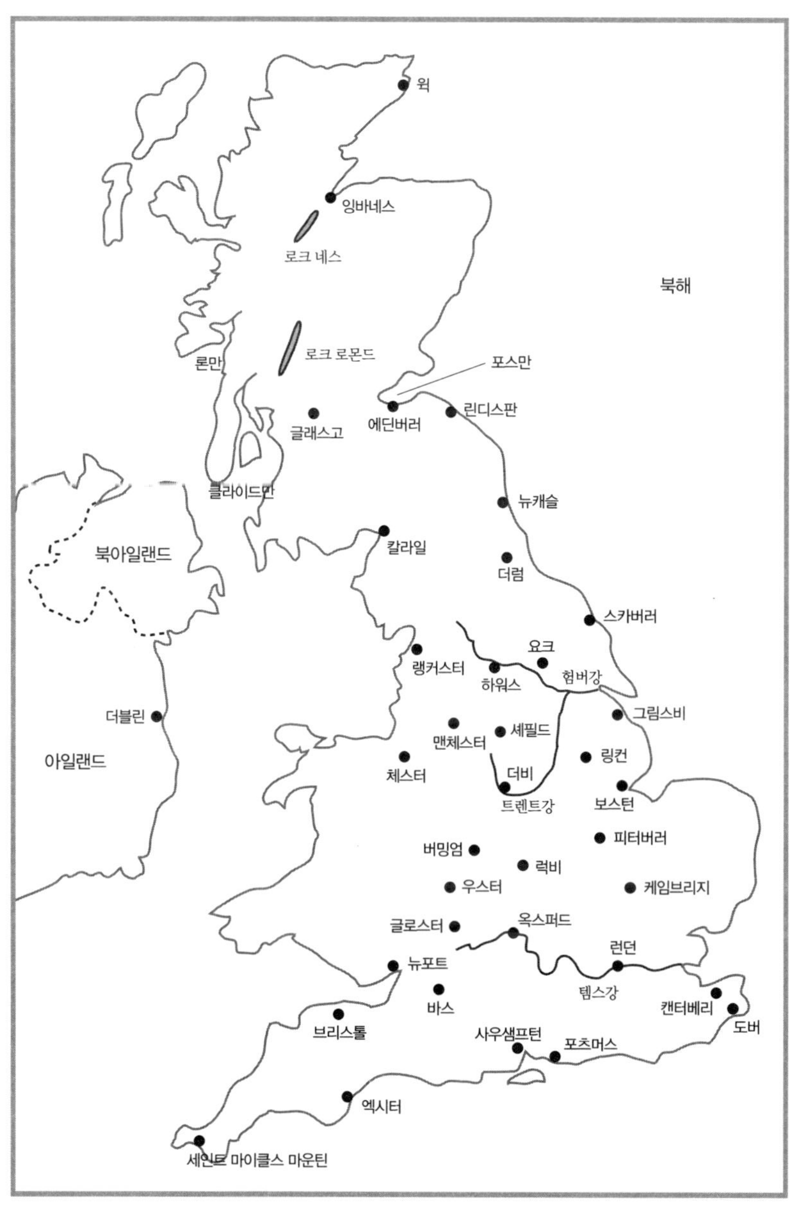

영국의 주요 지명 지도.

색슨인의 가장 오래된 지명 어미의 하나로 쓰이게 되는 것입니다.

-ing을 가진 지명은 이처럼 앵글로색슨인의 이주 당시부터 있었는데, 대부분이 -ham을 가진 지명 주위에 있었음이 알려져 있습니다. 그것은 앵글로색슨인의 이주가 차츰 활발해져서 -ham을 가진 집락이 커졌기 때문에 약간 떨어진 곳에 새로이 정주지를 개발해서 다시 집락을 이루었기 때문이리라 여겨지고 있습니다. 이런 정주지는 -ham과 비교해서 규모가 작고 더 조건이 좋지 않은 곳에 있었음이 알려져 있습니다.

-ing은 또한 버밍엄(Birmingham), 켄싱턴(Kensington)처럼 -ing-으로 쓰이고 있기도 합니다. 이런 경우 전자의 -ing-은 '일족'을 뜻하지만, 후자의 -ing-은 '관계'를 뜻하는 접속사입니다. Kensington의 Kensing-은 'Kens-라는 인물과 관련된다'고 번역될 수 있는 말입니다. 그 인물의 영지(領地)를 뜻하는데, -ing-에는 부칭사 -ing이나, 소유격을 뜻하는 -an(단수)이나 -ena(복수) 등이 변화한 것, 전치사 in이 변화한 것 등 다양하게 생각되고 있습니다. 앨프리드 대왕은 에설울프의 아들이므로 에설울핑(Aethelwulfing)입니다.

앵글로색슨 잉글랜드의 성립을 나타내는 -ton

-ton이 널리 쓰이게 된 것은 -ing(s)나 -ham보다도 늦은 7세기에서 8세기 무렵입니다. 이 무렵은 잉글랜드에 일곱 왕국(켄트, 에식스, 서식스, 웨식스, 이스트 앵글리어, 머셔, 노섬브리아 ―옮긴이)이 생기고, 차츰 곡물용 농지가 새로이 개간되었던 시대입니다. 갓

은 고생 끝에 새로이 개간한 농장은 소유권을 분명하게 하기 위해서도, 작물이나 가축을 보호하기 위해서도 둘러쌀 필요가 있었겠지요. 이런 농장은 앵글로색슨어로 tun이라 불렸으며, 지명 어미 -ton이 되어갑니다.

-ton은 town(마을)과 같은 어원의 말입니다. 앵글로색슨어 tun은 원래 여러 종류의 울타리를 뜻하는 말이며, 헷지(hedge)를 뜻하는 말로도 쓰이고 있었습니다. 그것이 농용지를 둘러치는 것이었음은 베다가 썼던 라틴어 villa가 앵글로색슨어로는 tun으로 번역되어 있다는 데에서도 알 수 있습니다. 거기에는 명백한 소유자가 있었고, 소작인이나 심부름꾼, 노예 등이 일하고 있었음을 뜻합니다.

그것은 매너(manor : 장원)의 전단계로, 형태를 갖추어가고 있던 '왕국'의 하부조직으로 자리매김할 수 있는 것이었습니다. 앞서 썼듯이 라틴어 civitas가 앵글로색슨어 ham으로 번역되고 있는 사실로 미루어, 8세기 전반에는 일반적으로 ham보다 tun이 작았다고 생각할 수 있습니다.

그 무렵, 로마교회의 영향 아래에서 영국 국민의 그리스도교화가 진행되어 새롭게 생겨난 집락에는 신앙의 장소로서 교회가 세워져 커뮤니티로서의 힘과 특징을 강화시켜 갔습니다. 교회나 수도원도 토지를 기부받아 차츰 커다란 영토를 갖게 되었습니다. 그리고, 에클레스턴(Eccleston : 교회의 농장), 비숍스턴(Bishopston : 수도원장의 농장), 몽크턴(Monkton : 수도사의 농장) 같은 지명이 생겨났습니다. 킹스턴(Kingston), 볼턴(Bolton), 철턴(Chorlton) 등도 여기저기에 있는 지명입니다.

킹스턴은 '왕의 직할지', 볼턴은 '커다란 관(館)이 있는 농장' 또는 '장원주의 관(館)이 있는 마을', 철턴은 '소작인의 부락'인 셈입니다. 로마의 장원인 빌라가 평야에 있었듯이, -ton을 가진 지명은 평지에 많이 생겼습니다. 경작에 알맞은 곳이 많았기 때문에 작물 종류를 뜻하는 요소와 함께 지명이 되기도 했습니다. 바턴(Barton)은 보리(barley)를 재배하던 농장, 플랙스턴(Flaxton)은 아마(flax)를 재배하던 농장이라는 뜻이지요.

개인명+ington은 특히 9세기 이후에 많이 생겨난 지명입니다. 9세기 후반은 새로운 농용지의 개척이 성했고, 차츰 유력한 토지 소유자가 나타났으며, 그 토지는 소유자의 이름을 써서 부르게 되었습니다. 이렇게 해서 태어난 것이 워싱턴(Washington), 웰링턴(Wellington), 알링턴(Arlington) 등의 지명입니다. 이들 지명은 마침내 그 토지 출신자의 성(姓)으로 쓰이게 되었습니다. 여기에 든 예는 각각 역사 속 인물들의 성이 되기도 했고, 반대로 그런 인물에서 비롯된 지명도 여기저기에 생겼습니다.

-ton은 이렇듯 커뮤니티를 나타내는 어미로서 가장 일반적이었으며, 노르만 시대가 되어서도 쓰였습니다. 새로이 생겨난 마을에는 뉴턴(Newton), 남쪽 마을에는 서턴(Surton), 북쪽 마을에는 노턴(Norton), 동쪽 마을에는 이스턴(Easton)이나 에스턴(Eston), 서쪽 마을에는 웨스턴(Weston), 언덕 마을에는 힐턴(Hilton)이라는 식으로 -ton을 가진 지명은 한없이 늘어갔습니다.

2.
영국의 지형과 지명

브리튼섬의 샘과 연못

베다가 쓰고 있듯이, 영국에는 샘이 많고 소금샘이나 온천도 여기저기 있습니다. 소금샘에 대해서는 이미 썼지만, 온천으로 가장 유명한 곳은 잉글랜드 남서부의 도시 바스(Bath)입니다. 바스에는 로마인이 썼던 욕장의 유적이 오늘날에도 원형을 잘 보존하고 있고, 온천이 솟고 있습니다.

Bath는 글자 그대로는 '목욕장'이라는 뜻인데, 앵글로색슨어로는 Bathanceaster라 해서, 거기에 로마의 훌륭한 성채가 있었음을 알 수 있습니다. 이 온천은 예전부터 브리턴인이 썼고, 앵글로색슨인도 썼습니다. 8세기에는 라틴어형으로 Bathum이라 기록되고 있고, 둠즈데이 북에는 Bade라 적혀 있습니다.

브리턴인은 이 온천을 요양 온천지로 썼으며, 하천의 수호령 술리스(Sulis)가 지키고 있다고 생각했습니다. 이 술리스는 로마인이

의료의 여신으로 생각했던 미네르바와 동일시했던 여신으로, 그들은 술리스·미네르바를 위해 열심히 제사를 지냈습니다. 이 사실에서 술리스가 앞서 쓴 브리깃의 다른 이름임을 알 수 있습니다.

온천에 가는 것이 영국인의 여가수단으로 인기 있었던 것은 16세기부터 19세기였는데, 런던 주변, 요크의 서쪽, 스트랫퍼드 어펀 에이번 주위에 많은 온천이 개발되었습니다. 그리고, 바스는 18세기 첫머리에 앤 여왕(재위 1702~1714)이 방문한 일을 계기로 귀족들이 찾아드는 곳이 됩니다.

일반적인 샘이나 솟아나는 물의 흐름을 앵글로색슨어로 wella나 waell이라고 했습니다. 샘은 일상의 마실 물을 제공할 뿐 아니라,

바스에 있는 로마의 욕장 유적지.
뒤에 바스 성당이 보인다.

동물들의 식수터가 되기도 하고, 사람들의 들일의 피로나 목마름을 달래주는 곳이기도 하고, 멱을 감는 곳이기도 했습니다. 그들 샘은 앵글로색슨인들의 정주장소가 되었던 예도 많아 -well이나 -wall을 가진 지명이 여기저기 보입니다.

크롬웰(Cromwell)은 '굽은 시내'라는 뜻의 지명이고, 블랙웰(Blackwell)은 '검은 샘·물결'이며, 스토웰(Stowell)이나 스턴웰(Stanwell)은 '돌에서 솟구치는 샘'이나 '돌이 많은 작은 시내'라는 뜻의 지명입니다. 이들 -well을 가진 지명은 도싯에서 코츠월드, 링컨을 거쳐 북요크로 이어지는 석회암 지대에 많이 보입니다.

월퍼드(Walford)나 콜월(Colwall) 등 Wal-이나 -wall을 가진 지명이 헤리퍼드셔, 우스터셔, 쉬롭셔 등 웨일스에 가까운 지방에 많이 있습니다. 이들의 Wal-이나 -wall은 waell이 변화한 것입니다. Col-은 cool(차가운)을 뜻하고, 콜월은 '차가운 샘'이나 '차가운 시내'라는 뜻의 지명입니다. 단, 이 지방에서 보이는 Wal-에는 walh(브리턴인)을 뜻하는 것도 있습니다.

-well과의 관계에서 생각해 둘 것은 -mere(-mire)입니다. 호수지대인 윈더미어(Windermere)의 예에서 잘 알려져 있듯이 '호수'를 뜻하는데, 이 -mere는 소택이나 샘이 만들어낸 작은 연못을 뜻하는 말이기도 했습니다. 이런 소택 부근의 작고 높은 곳이나 연못 근처는 강에서 멀리 떨어져 있어도 정착해 살 수 있는 곳으로서 작은 집락이 생겨났습니다.

강이나 샘이 만들어낸 소택은 갈대 따위가 자라나고, 다양한 동식물이 살기에 좋았으며, 새나 동물들에게도 아주 좋은 모이터였습니다. 요크 북쪽에 있는 레드머(Redmire)의 Red-는 갈대(reed)이며, 도싯의 앨머(Almer)의 Al-은 장어(eel)입니다. 오늘날의 영국인은 장어를 별로 먹지 않지만 옛날에는 중요한 식량이었습니다. 버킹엄셔 풀머(Fulmer)의 ful-은 새(fowl)를 가리킵니다. 서식스의 작은 마을 키머(Keymer)의 Key-는 소(cow)를 가리키는 말로, 소가 물마시는 곳으로 쓰였던 연못입니다.

샘은 로마인이 눈독들인 곳이기도 했습니다. 군대가 이동하거나 상인이나 관리가 정기적으로 오갈 때, 일정한 간격으로 물을 공급하는 일은 필수적이었으므로, 그들은 샘을 돌로 둘러싸서 물을 안정적으로 공급할 수 있는 장소로 삼았습니다. 로마 가도는 15 내지 25킬로미터 간격으로 설치된 식수장을 이어나가고 있었다고 말할 수 있습니다. 그곳에는 주둔지가 지어졌고, 상인으로부터 통행세를 거둬들였습니다. 샘을 라틴어로 fons(font-)라 하는데, 그것이 오늘날에도 지명이 되어 남아 있습니다.

하나의 예가 햄프셔의 모티스폰트(Mottisfont)입니다. 이 땅은 윈체스터에서 솔즈베리로 통하는 로마 가도 위에 있었던 마을로, 둠즈데이 북에는 Motesfont라 씌어 있습니다. 앵글로색슨어 mot(무트)는 '집회'나 '세금'이라는 뜻으로 쓰였던 말입니다. 로마인이 남긴 폐허를 앵글로색슨인들이 집회의 장으로 쓰고 시장을 열거나, 재판을 하거나, 세금을 걷는 장소로 썼던 것입니다.

로마인이 사용하고, 브리턴인이 사용했던 샘 주위에 생겨난 집

락에서 발전한 마을로는 그밖에도, 런던의 남쪽 샐리셔의 배드폰트
(Bedfont), 버킹엄셔의 챌폰트(Chalfont), 더비셔의 체슨트(Cheshunt),
햄프셔의 보헌트(Boarhunt) 등이 있습니다.

Bedfont의 Bed-는 앵글로색슨어 byden(음료 용기)이 어원입니
다. 이 지명은 샘에 물을 마실 수 있는 시설이 있었음을 나타내고
있습니다. Chalfont의 Chalf-는 앵글로색슨어 cealf(송아지)가 어원으
로, 로마인들이 사용했던 샘을 소들이 물마시는 곳으로 썼음을 뜻
하는 지명입니다. 잉글랜드 남부는 로마인의 빌라터가 많이 있었습
니다. 빌라의 노동자들은 브리턴인이었는데, 그런 빌라의 식수터는
로마인이 물러간 뒤에 들어온 앵글로색슨인도 사용했음에 틀림없습
니다.

Cheshunt는 둠즈데이 북에는 Cestrehunt라고 씌어 있으며, 로마
의 요새 근처에 있는 샘에서 비롯된 지명입니다. f는 h로 바뀌기 쉬
운 음으로, -hunt는 -font가 바뀐 것입니다. Boarhunt는 10세기 기록
에는 Byrhfunt라고 적혀 있습니다. Byrh-는 앵글로색슨어 burh(요
새)를 가리킵니다. 이 지명도 로마인의 요새에 있었던 샘을 나타내
고 있으며, 그 요새 주변에 장원이 생겨난 것이 이 지명이 남은 이
유일 것이라 생각할 수 있습니다.

습지대와 커뮤니티

잉글랜드에는 높은 산은 별로 없습니다. 북잉글랜드에서 중동부
의 더비셔에 걸쳐서 페나인 산맥이라 불리는 고지가 있습니다. 그

래봤자 높은 곳이 표고 600미터를 넘을 정도입니다. 중앙부에서 서부에 걸쳐서는 완만한 기복의 목초지나 보리밭이 이어지고 있지만, 동중부의 링컨셔에 가면 드넓은 평야에 기름진 농토가 기다랗게 이어지고 있습니다. 이런 지형 덕분에 대부분의 지역에서 강이 천천히 흐르고, 운하가 그물눈처럼 발달하고, 두메까지 배가 드나들 수 있습니다. 거룻배(narrow boat)라 불리는 좁고 기다란 배로 유유히 여행을 즐기는 사람들의 모습은 영국의 풍물입니다.

그런데, 영국은 비가 많아서 비가 약간만 많이 내려도 강주변 지역은 널따란 연못인 양 물이 차고, 자주 범람경보가 내려집니다. 물은 쉬이 빠지지 않고 넓은 습지대를 만듭니다. 습지대 주변은 물 사정은 좋은 반면에, 지반이 부드러워 방목에는 알맞지 않은 곳이 많습니다. 그러나, 그런 곳도 차츰 치수와 배수가 이루어져 사람이 살 수 있는 곳이 되어갔습니다.

또한, 영국 각지의 후미는 물가에서 멀리까지 얕은 곳이 많아, 썰물이 되면 널따란 개펄이 드러납니다. 이런 습지대는 마쉬(marsh)나 펜(fen)이라 불렸으며, 여기저기에 마스턴(Marston), 마쉬필드(Marshfield), 마섬(Marsham), 마쉬브룩(Marshbrook), 펜턴(Fenton), 페넘(Fenham), 펜콧(Fencott)이라는 지명이 있습니다. 모두 깊숙한 후미나 하천이 만들어낸 소택지 근처에 생긴 마을입니다. -cott은 cottage(오두막)로, 별로 입지가 좋지 않은 곳에 생긴 두메마을 느낌이 나는 지명입니다.

외적과의 공방의 장이 되었던 후미의 섬

소택지 마쉬나 펜과 관계깊은 것이 -ey를 갖는 지명입니다. -ey 는 앵글로색슨어로는 eg, ieg, ig로, island(섬)의 is-의 어원이기도 합니다. 이 앵글로색슨어는 오크니(Orkney)의 -ey에서 보이듯이, 바다에 떠있는 섬을 뜻하는 말로 쓰였는데, 내륙에서 소택에 둘러싸인 것처럼 되어 있는 육지를 뜻하는 말로도 쓰이고 있습니다. 그런 토지는 물난리 걱정이 비교적 적고 물사정도 좋으며, 토지도 기름져서 경작에 알맞은 곳이 많았습니다.

영국의 동부, 링컨셔와 노퍽 사이에 있는 워시만으로 흘러드는 강 유역은 예전에는 넓은 개펄이었습니다. 북쪽의 위덤강 주변에는 링컨 가까이까지 소택(늪과 못)이 펼쳐져 있었습니다. 그리고 남쪽의 캠(Cam)강 소택은 케임브리지(Cambridge) 가까이까지 이르고 있었습니다. 이런 소택을 오래 전부터 펜(fen)이라 부르고, 이 지방은 펜 컨트리라 불리고 있었습니다.

오늘날에는 가로세로로 달리는 깊은 배수 도랑이나 운하 덕분에 치수가 잘되어 예전의 소택지는 눈길 닿는 끝까지 펼쳐진 평야이며, 기름진 까만 흙의 농지로 개척되어 있습니다. 토질이 좋아서 보리, 감자, 당근, 사탕수수 같은 작물 뿐만 아니라 채소도 왕성하게 재배하고 있습니다. 영국의 다른 지방에서는 일반적인, 양을 치는 모습은 거의 보이지 않지요. 운하는 예전에는 작물을 운반하는 데에 쓰였지만, 오늘날에는 여러 종류의 프레저 보트가 엇갈려 지나고 있습니다. 크고작은 커뮤니티도 여기저기에서 보입니다.

그러나, 둠즈데이 북에 적혀 있던 정주지의 분포를 보면 소택지 일대에는 거의 적혀 있지 않고, 다만 손니(Thorney), 램지(Ramsey), 일리(Ely), 채트리스(Chatteris) 등의 지명이 보일 뿐입니다. Thorney 는 '가시나무의 섬', Ramsey는 '마늘의 섬'이 원래 뜻입니다. Ely 의 El-은 '장어'(eel)를 가리키고, -y는 일반적으로는 -ey(섬)라 여겨 지고 있습니다. Chatteris의 -ris는 '좁고 긴 육지'이며, Chatte-는 개 인명입니다.

이들 땅은 원래는 개펄에 떠 있는 완만한 언덕 같은 섬이며, 모 든 곳에는 요새같은 수도원이 세워졌습니다. 특히 유명한 것이 일 리입니다. 이 땅은 잉글랜드 초기의 성녀 에텔드레다(630?~679), 즉 성녀 오드리의 수도원이 있던 곳입니다. 그녀는 이스트 앵글리어의 왕녀였고, 왕가의 비호를 받은 수도원은 순례의 땅으로 번창했습니 다. 그러나, 870년에 바이킹에 의해 파괴되었습니다. 그 뒤로는 백 년여 동안 황폐했지만, 평화왕이라 불렸던 잉글랜드왕 에드거(재위

일리의 성녀 에텔드레다.

959~975)의 원조로 부활해, 비옥한 펜랜드(습지, 소택지)를 배경으로 유력한 수도원이 됩니다. 오늘날에는, 아름다운 대성당이 사람들을 끌어모으고 있으며, 대성당이 서 있는 언덕 기슭의 운하 선착장도 여름에는 프레저 보트로 붐비고 있지요.

잉글랜드 남서부 웨식스의 옛 도시 글래스턴베리 남서쪽 20킬로미터 정도 떨어진 곳에 애슬니(Athelney)라는 작은 부락이 있습니다. 이 주변은 옛날에는 브리스톨만으로 이어지는 널따란 습원이었습니다. 13세기 무렵부터 도랑을 파서 습원을 이용하기 시작했고, 오늘날에는 가로세로로 달리는 배수 도랑에 의해 간석되어 넓은 목초지나 채소농장으로 쓰고 있습니다. 커다란 배수 도랑은 운하로도 사용되고 있습니다. 그런 간석지에 있는 완만한 언덕이 원래의 애슬니입니다. -ey를 갖는 이 언덕은 습원에 섬처럼 떠 있는 육지였습니다. 앵글로색슨어로는 Aethelingaeigge가 되어 있으며, 뜻은 '왕족의 섬' 입니다.

지금은 거의 잊혀진 이 두메산골은 잉글랜드 역사에서 중요한 의미를 갖는 곳입니다. 877년 크리스마스 때 일인데, 갑작스레 바이킹의 습격을 받은 앨프리드 대왕은 병사 몇 명과 가까운 습지대에 떠 있는 섬으로 도망쳐 들어갔습니다. 그리고 그곳을 거점으로 주변 부락에서 식량을 구하며 살아남아, 섬에서 보루를 쌓고는 반격의 거점으로 삼습니다.

그런 의미에서 애슬니는 바이킹에 대한 앨프리드의 승리의 출발점이 된 곳입니다. 궁지에 몰려 있던 앨프리드를 성인 커스버트가 찾아가서 격려를 해주었다는 전설도 있습니다. 나중에 앨프리드는 이 기념할 만한 언덕에 수도원을 지었다고 하는데, 오늘날에는 그 모습은 없고 양목장이 된 언덕에 1801년에 세워진 기념비만 있을 뿐입니다.

숲과 초원

잉글랜드에 많은 지명 어미의 하나에 -ley가 있습니다. 이것은 앵글로색슨어 leah가 어원으로, '숲'이나 '숲에 생긴 풀밭'이 의미입니다. 앞서 썼듯이, 베다는 잉글랜드는 목재나 목초가 풍부하다고 쓰고 있는데, 목재를 잘라 실어내거나 생활림으로 사용했던 숲이 leah였습니다. 사람들은 그런 숲 가까이에 살면서 목축이나 사냥, 제재 등을 일삼았습니다. 철기구가 적어서 턱도 없이 비쌌던 중세 전반에 나무는 일상생활의 대부분을 떠받치는 자재이자 도구였습니다.

-ley를 어미로 갖는 지명에는 오클리(Oakley), 애쉴리(Ashley), 버클리(Berkley), 엘름리(Elmley), 윌리(Willey), 손리(Thornley) 등 나무 종류가 제1요소가 되어 있는 것이 많습니다. oak는 떡갈나무, ash는 겨우살이, berk는 자작나무, elm은 느릅나무, wil-은 willow(버드나무), thorn은 가시나무(산사나무)를 가리킵니다. 이들은 생활용재로서 특히 소중한 것이었습니다.

-ley를 갖는 지명에는 또한 랭글리(Langley : 긴 목초지, 숲), 브래들리(Bradley : 넓은 목초지, 숲)와 같이 형태를 나타내는 것이나,

페얼리(Fairley : 아름다운 목초지), 그링글리(Gringley : 초록빛 목초지), 셜리(Shirley : 빛나는 목초지) 등이 여기저기에 있습니다. 비가 많은 잉글랜드 목초지의 초록빛은 산뜻합니다. 후득후득 비가 내린 뒤에 구름 사이로 태양이 내리쬐면 초원은 반짝반짝 빛납니다. 셜리는 그런 잉글랜드의 지형적 특징을 잘 드러내고 있습니다.

-ley가 생활림이나 숲의 틈바구니에 있는 목초지를 뜻하는 것과 대조적으로, 월드(wolds)는 사람을 가로막는 산이자, 숲이자, 들판이었습니다. 요크 북동쪽에 펼쳐진 월드(The Wolds)에 가면 그것을 잘 알 수 있습니다.

요크 북동쪽에서 동해안의 휘트비 바로 서쪽에 걸쳐 펼쳐진 구릉지대가 월드입니다. 눈길 닿는 끝까지 히스의 벌판이 펼쳐져 있습니다. 돌이 여기저기 튀어나와 있어 표토가 얕고 토지는 척박합니다. 이 지방은 요크셔 무어랜드(Yorkshire Moorland)라고도 불리는 곳입니다.

이 월드에는 벡(beck)이라 불리는 작은 시내가 몇 개나 보입니다. 벡은 바이킹들 말로 '돌의 시내 바닥'을 뜻했습니다. 이 주변의 산골짜기(dale)에는 바위가 맨땅에 드러나 있으며, 물은 바위를 뚫고 흐르고 있습니다. 월드나 월드 서쪽의 웨스트 무어랜드 지방은 많은 바이킹들이 우두머리로부터 토지를 분배받아 개척한 곳으로, 바이킹에서 비롯된 지명이 많이 보입니다. dale도 북유럽어의 영향이 느껴지는 말입니다.

코츠월드(Cotswolds)의 -wolds도 같은 것입니다. Cots-는 개인명에서 유래합니다. 스트랫퍼드 어펀 에이번의 남서쪽 일대에 펼쳐진 구릉지대로 양농장이 많은 곳입니다. 코츠월드종(種)이라는 크고 털이 긴 종류의 양을 기르는 곳으로 알려져 있습니다. 요즘은 드넓은 농장의 아름다움과 코츠월드 스톤이라 불리는 노란 석회암으로 지은 집들이 서 있는 모습이 아름다워 많은 관광객의 마음을 사로잡고 있습니다.

그러나, 이렇듯 많은 관광객이 찾아드는 곳도 예전에는 사람을 가로막는 곳이었습니다. 앨프리드 대왕이 잉글랜드 남서부의 웨식스를 거점으로 세력을 넓힐 수 있었던 것도, 기복이 많고 나무가 울창한 월드에 가로막혀 북쪽으로부터 외적이 침입하기 어려웠던 점이 행운이었던 것입니다.

잉글랜드의 월드에 대응하는 것이 독일의 발트(Wald)입니다. 이 Wald를 요소로 갖는 지명에 슈바르츠발트(Schwarzwald : 검은 숲)가 있습니다. 보덴호 북쪽의 라인강 동안에서 북쪽으로 160킬로미

코츠월드의 석회암집.

터나 이어지는 대삼림지대로, 1천 미터를 넘는 산이 이어진 구릉이 펼쳐진 지대입니다. 도나우강 원류는 그 남부에 있습니다. 이 삼림 지대는 카이사르가 『갈리아 전기』(VI · 25)에서 "폭은, 가벼운 차림을 한 사람이라도 아흐레는 걸릴 넓이가 있다. 그밖에는 측정할 일도 없고, 길의 측정법도 모른다…. 게르마니아의 이 지방의 누구도, 60일 간의 여정을 거쳐 숲의 끝까지 갔던 사람이 없고, 숲이 어디에서 시작되는지 들은 사람도 없다"고 기록했던 헤르키니아 숲의 일부로, 용맹한 게르만인이 숨어 있는 곳이라며 두려워했던 지역이었습니다.

이 숲이 검은 빛을 띠는 것은 블랙 파인이라 불리는 전나무가 빽빽하게 자라고 있기 때문입니다. 오늘날 이 지방은 풍부한 농업 지대가 되었으며, 숲과 산자락을 이용한 포도밭이나 구릉지의 전원이 목가적인 풍경을 만들어내 잉글랜드의 코츠월드와 마찬가지로 많은 관광객을 부르고 있습니다. 몇십 미터 높이까지 쭉쭉 뻗은 블랙 파인은 품질좋은 건축재가 되며, 스위스의 전통 공예품인 뻐꾸기시계도 블랙 파인을 사용한 것입니다.

나루터의 마을

퍼드(ford)는 걸어서 건널 수 있는 얕은 시내를 말합니다. 그곳은 사람들이 모여드는 곳이자, 또한 모이기에 편리한 곳이기도 했습니다. 시장이 서고 집회가 열렸겠지요. 또한 물건이나 동물의 이동에도 중요했습니다. 건초(hay)는 겨울철의 가축에게 없어서는 안되는

것이었으므로 소 같은 가축의 등에 잔뜩 싣고 날랐을 것입니다. 옥
스퍼드셔에는 헤이퍼드(Heyford : 건초의 나루터)라는 마을이 있습
니다.

사슴이 건너는 퍼드는 사냥터도 되었습니다. 이런 사냥터에서
도시로 발전한 곳도 있습니다. 런던 북쪽의 허트퍼드(Hertford)는 허
트퍼드셔의 주도(州都)인데, 이 지명의 -Hert는 hart(멋진 뿔을 기른
다섯 살 이상의 붉은 사슴 수컷)를 가리킵니다. Hart를 가진 지명에
는 그밖에 하틀리(Hartley), 하트랜드(Hartland), 하트힐(Harthill) 등
이 있습니다.

폭스퍼드(Foxford)는 여우가 다니는 길이었던 얕은 시내를 가리
킵니다. 여우는 닭 등을 잡아먹는 얄미운 동물이기도 하고 모피 따
위를 이용할 수 있는 동물이기도 했으므로 그런 곳에는 덫을 놓았
겠지요.

그밖에, 동물과 관계가 있는 퍼드에는 옥스퍼드(Oxford)나 스윈
퍼드(Swinford) 등이 있습니다. Oxford는 소의 나루터를 말하며, 오
늘날에는 옥스퍼드 대학 덕분에 세계에 알려진 마을이 되어 있습니
다. Swinford의 Swin-은 '돼지'입니다. 중세 초기에 돼지는 아직 야
생 멧돼지를 가리켰습니다.

로마인은 되도록이면 걸어서 강을 건넜습니다. 여행자의 발은
언제나 젖어 있었고, 허리 부근까지 젖어 있기 일쑤였습니다. 트래
블(travel)은 로마인이 썼던 고문기구에서 비롯된 말인데, 고대인의
여행이 얼마나 고되고 위험을 동반하는 일이었는지를 상상할 수 있

게 하는 말이기도 합니다.

런던은 워틀링 스트리트나 어민 스트리트를 시작으로 몇 개나 되는 로마 가도가 집중되었던 곳입니다. 그곳이 템스강의 나루터 (ford)로 가장 알맞은 곳이었기 때문입니다. 웨스트민스터 부근의 템스강은 오늘날에도, 썰물 때에는 양쪽 기슭에 검은 빛이 도는 갈색 흙이 보이고, 바닥이 얕은 배라도 강바닥의 흙을 감아올리듯 하면서 나아가고 있는 모습이 보이기도 합니다.

이 부근에는 원래 넓은 습지나 개펄이 있었습니다. London의 어

오늘날의 런던.

원은 켈트어 기원이라는 것 말고는 진정한 어원은 모릅니다. 그러나, 물결이나 개펄을 뜻하는 켈트어 lynn과 힐포트를 뜻하는 don에서 이루어진 Lynn-don이 아닐까 하는 설이 있습니다. 로마인은 론디움(Londium)이라 불렀습니다.

로마인이 왔을 때 런던 부근은 밀물 때는 배를 댈 수 있었고, 썰물 때는 아주 좋은 나루터였습니다. 카이사르는 두 번째 브리튼섬 원정 때 템스강을 건너고 있습니다. 그 지점은 오늘날의 런던교 부근이나 웨스트민스터 부근이었습니다.

클라우디우스군은 템스강에 다리를 만들어 보병을 건너게 했다고 여겨지고 있습니다. 그러나, 일상생활에 이용할 수 있는 최초의 다리는 오늘날의 런던교의 전신이라 할 수 있는 나무다리로, 기원 100년부터 400년 무렵에 건설되었던 것은 아닐까 가정하고 있습니다. 가정연대가 이렇게 심하게 차이를 보이는 것은 다리가 몇 번이나 파괴되거나 유실되거나 하는 등 보조적인 것이었음을 말하는 것입니다.

영국 동요집 『마더 구즈』에 '런던교'가 있는데, "London Bridge is falling down, falling down, falling down"(런던교 무너진다, 무너진다, 무너진다) 하고 불리고 있습니다.

이 동요는 런던교가 몇 번을 놓아도, 어떤 재료를 써서 놓아도 유실되고 마는 것을 노래한 것입니다. 각 절의 끝에 되풀이되는 "My fair lady"(귀여운 아가씨)는, 다리가 유실되지 말라고 신의 가호를 빌기 위해 사람기둥이 되어야 했던 소녀가 아닐까 여겨지고 있습니다.

로마 가도의 나루터가 지명이 되었던 예로는 스트랫퍼드 어펀 에이번(Stratford-upon-Avon)이 특히 유명합니다. 베드퍼드셔에는 올드 스트랫퍼드(Old Stratford), 노퍽에는 스트랫퍼드 세인트 메리(Stratford Saint Mary), 맨체스터에는 스트렛퍼드(Stretford)라는 마을이 있습니다.

본토에의 건널목으로서의 퍼드

퍼드(ford)는 섬으로 건너는 길이라는 뜻으로도 쓸 수 있습니다. 조수가 썰물이 되면 건널 수 있는 퍼드는 후미의 끝에 있는 섬과 본토 사이에 만들어진 일이 많고, 육지와 절반은 이어져 있던 그런 섬은 바이킹들이 자주 야영을 하던 곳이었습니다.

바이킹이 처음 습격해들어온 곳이라 여겨지는 린디스판은 썰물 때에는 본토로 걸어서 건널 수 있는 퍼드로 연결되어 있습니다. 주위는 개펄입니다. 템스강 북쪽에 있는 후미인 블랙 워터 안쪽의 섬 노시(Northey)도 바이킹이 야영했던 곳입니다.

노시 건너편에 몰던(Maldon)이라는 작은 마을이 있는데, 이 땅을 무대로 벌어졌던 앵글로색슨인과 바이킹의 전투가 『앵글로색슨 연대기』에 991년의 사건으로 실려 있습니다. 유명한 영웅시 「몰던 전투」는 이 전투를 소재로 삼은 작품입니다. 노시에는 바이킹이, 그리고 몰던에는 앵글로색슨군이 진을 치고 서로 용감하게 요구조건을 말하며 함성을 질러댔겠지요.

오늘날, 노시와 본토 사이에는 썰물 때에 걸어서 건널 수 있도록 조금 흙을 보태 만들어진 둑방길(causeway)이 있는데, 밀물이 되면 그 길도 바다 밑으로 가라앉습니다.

이처럼 퍼드로 연결된 섬은 외적에게 공격당하기 쉬운 곳이었기 때문에 옛날부터 요새화되고 수도원이 많이 지어지곤 했습니다. 전형적인 예가 콘월에 있는 세인트 마이클스 마운트(St. Micheal's Mount)입니다. 대천사 미카엘이 신을 대리해 대악마 사탄과 싸워 승리했던 데에서 중세에는 외적, 폭풍, 기근, 유행병의 수호성인으로서, 튀어나온 갑과 곶 끝에 떠 있는 섬 등에 미카엘 천사에게 바치는 수도원이 세워졌습니다. 그리고, 그것들은 일종의 요새 역할까지를 맡았습니다. 프랑스의 몽 생 미셸(Mont Saint Michel)도 비슷한 예이며, 이 수도원은 노르망디 공국의 보호 아래에서 발전했습니다.

히스의 벌판, 필드

셰필드(Shefield)나 맨스필드(Mansfield) 등 -field를 가진 지명은 잉글랜드 여기저기에서 보입니다. field는 오늘날에는 둘러싸인 농지를 뜻하는 일이 많은 말입니다. 영국이나 프랑스 부르타뉴 지방을 여행하면 농지는 헷지(hedge)로 둘러싸여 있으며 양이나 소가 한가롭게 풀을 뜯고 있는 모습을 볼 수 있습니다.

최근 연구에서, 로마인이 오기 전에 이미 브리튼섬의 평지의 상당 부분이 농경이나 목축용으로 개간되어 있었음이 알려졌습니다.

세인트 마이클스 마운트.

그것은 그물눈처럼 달리는 로마 가도가 구릉지에서도 거의 걸림돌이 없는 듯 직선으로 통과하고 있는 것에서도 어느 정도 상상할 수 있습니다.

그러나, 여전히 숲이 많고 페나인 산맥 부근이나 월드라 불리는 지역, 그리고 여기저기의 깊숙한 후미의 안쪽이나 강을 따라가는 낮은 땅(低地)에는 벌판이 펼쳐져 있었습니다. 지명이 태어난 옛날에는 field는 그런 널따란 벌판을 뜻하는 데에 그치지 않았고, 많은 경우, 히스로 뒤덮힌 황야나 습지 따위를 뜻하는 말이었습니다. 잉글랜드에는 햇필드(Hatfield)라는 지명이 여기저기에 있는데, Hat-은 히스(heath)를 가리킵니다.

그런 필드에는 동네 사람들이 다 같이 이용했던 공동방목지가 있습니다. 황야가 많으며, 그런 뜻에서 소유지가 명확한 '둘러싸인 토지'(tun) 등과는 다른 말이었습니다. 요크셔의 셰필드나 노팅엄의 맨스필드는 바위광산의 마을, 공업도시로 알려지게 되었는데, 이들

도시는 페나인 산맥의 동쪽 기슭의 '벌판'에 생겨난 바위광산이 발전을 떠받쳐왔습니다. 셰필드는 특히 기복이 많은 곳으로, 그 부근이 예전에는 농경에 어울리지 않는 히스 벌판이었으리라 쉽게 떠올릴 수 있게 하는 것이 있습니다. Sheffield의 Shef-는 마을 가운데를 흐르는 셰프(Sheaf)강을 뜻합니다.

3.
중세 영국의 사회조직과 지명

행정단위

잉글랜드에는 샤이어(shire)나 버러(borough), 카운티(country), 워드(ward) 등의 행정단위가 있고, 역사적으로는 헌드레드(hundred)나 와펀테이크(wapentake) 등의 행정구가 있었습니다. 이들은 앵글로색슨, 바이킹, 그리고 노르만으로 브리튼섬의 지배자가 바뀜과 더불어 생겨난 것입니다.

잉글랜드에는 10세기 무렵부터 헌드레드라는 자치행정조직이 있었습니다. 헌드레드란 일반적으로는 하이드(hide)라는 단위가 1백이 모여서 만들어진 것입니다. 하이드는 한 가족이 먹고 살 수 있는 넓이의 토지를 뜻하며, 베다의 시대인 8세기 전반에는 기름진 땅으로는 60에이커, 기본적으로는 120에이커였습니다. 약 25헥타르에서 50헥타르의 넓이라는 말이 됩니다.

이 사실에서 알 수 있듯이 당시 토지의 생산성은 낮았습니다.

곡물재배는 별로 발달하지 못하고, 땅이 척박하고 기후가 한랭한 잉글랜드에는 삼림, 방목지, 겨울용 목초지가 대부분을 차지하고, 보리밭은 여기저기 흩어져 있는 것에 지나지 않았습니다. 보리의 수확량도 뿌린 씨의 2배 정도였습니다. 그러나, 9세기 무렵부터 곡물밭이 개발되고 삼포식 농법의 발달로 생산성이 비약적으로 늘어나, 11세기가 되면서 예전의 4분의 1로 한 가족이 먹고 살 수 있게 되었습니다.

9세기 말에 앨프리드 대왕은 자유사회를 5하이드 이상의 토지소유 귀족, 5하이드 이하의 토지소유 귀족, 그리고 귀족에 속하지 않는 자유인 등 세 가지 계급으로 나누고 있습니다. 그 뒤로 5하이드는 세금을 매기는 데 등에 하나의 기준이 되었으며, 지명에도 피필드(Fifield)가 여기저기 있습니다. 이 지명은 둠즈데이 북에는 Fifhide라고 기록되어 있으며, 뜻은 '5하이드의 토지' 입니다. 하이드(Hyde)는 hide의 변화형으로 '1하이드의 토지' 가 원래 뜻입니다. 이 하이드도 영국에서는 여기저기서 보이는 지명인데, 그것이 성(姓)으로도 쓰이게 되었습니다. 런던의 하이드파크(Hyde Park)는 하이드라는 귀족에게 참회왕 에드워드가 하사한 장원이었습니다.

헌드레드는 영주나 국왕이 세금을 매기거나 요새(burh)를 지키는 군역을 부과하는 단위이기도 했습니다. 그리고, 그 역내에서 일어난 범죄에 관해서는 스스로 재판권을 갖고, 범인을 알아낼 수 없을 때에는 연대책임을 지도록 하고 있었습니다. 집회는 한 달에 한 번 야외에서 열리고, 헌드레드 안의 전원이 참가하는 것이 원칙이 있습니다. 그런 집회를 앵글로색슨어로 무트(mot)라고 했습니다. 나중에 코트(court)라 불리게 되는데, 라틴어에서 비롯된 이 말은 프랑크 국왕의 용어를 빌려온 것입니다. 헌드레드는 세부적인 사항은 긴 역사 속에서 바뀌어가며 19세기까지 살아남았습니다.

게르만인들의 집회가 어떤 것이었는지는 타키투스의 『게르마니아』(Ⅰ·11)에서 읽어낼 수 있습니다.

"그들은 일정한 시기, 즉 매달, 또는 만월의 때를 기해 집회한다. 이것이 일을 도모하는 데에, 가장 행운이 따르기 시작하는 때라고, 그들은 믿고 있기 때문이다. … 모여든 그들이 이제 됐다고 생각할 때, 그들은 무장한 채로 착석한다. 그리고 이 때, 구속권까지를 가진 사제들에 의해 침묵이 명해진다. 마침내 왕 또는 수장들이 각각의 연령의 다소, 전공(戰功)의 대소, 언변의 능숙도에 상응해서, 그런 모두는 명령의 힘보다는 설득의 권위를 갖고 (발언을 하고 그것은) 경청된다. 만약 그 의견이 마음에 들지 않으면 청중은 웅성거림으로써 그 의견을 거부한다. 그러나 의견이 마음에 들면 그들은 프라메아(소박하게 만든 수창 手槍)를 때려울린다. 가장 명예로운 찬성 방법은 무기를 들고서 칭찬하는 것이다"라고 타키투스는 쓰고 있습니다.

뒤에 쓸 데인로 지대(Danelaw)에는 앵글로색슨 지대의 헌드레드에 해당하는 와펀테이크(wapentake)라는 행정구가 있었습니다. wapentake는 wapen-(weapon : 무기)과 -take(take : 잡다)로 이루어진 말로 원래 뜻은 '무기를 잡다'입니다. 옛날에는 집회의 결의에

대해 동의를 표하기 위해 무기를 쥐는 것을 뜻하는 말로, 아니면
'집회의 종료시간' 을 뜻하는 말로도 쓰였습니다. 이 말의 존재는 타
키투스의 기술을 뒷받침합니다.

이 헌드레드나 와펜테이크는 빌리지(village)와 샤이어(shire) 사
이에 위치하는 조직이라 생각할 수 있는데, 데인로 지대의 북부, 특
히 스코틀랜드에 접한 지방에는 워드(ward)라는 말이 쓰였습니다.
이 말은 '보호' 나 '망보기' 라는 뜻의 ward나 guard와 같은 어원의
말입니다.

컴브리아, 웨스트 무어랜드, 노섬브리아 등에 워든(Warden), 워
뎃지(Wardhedge), 워비(Warby) 등의 지명이 있습니다. Warden의 -
den은 -don의 변화형이고, Warby의 -by는 -berg에서 변화한 것으로
요새를 뜻합니다. 이들은 앵글로색슨인들이 브리턴인이나 바이킹을
막아내기 위해 쌓은 요새였습니다. 이 사실로부터도, 행정단위를
뜻하는 말로 쓰이게 된 ward가 앵글로색슨인들의 요새를 중심으로
하는 수비범위를 뜻하고 있었음을 알 수 있습니다.

장로의 지배에서 국왕의 지배로

샤이어(shire : 현, 주)는 앨프리드 대왕 시절부터 있었던 자치조
직 단위로이며 어원은 앵글로색슨어 scir(office : 임무, 관리)입니다.
그것은 커다란 마을(도시)을 중심으로 몇 개의 헌드레드가 모인 자
치조직으로, 한 명의 올더맨(alderman : 장로)이 회의를 주재했습니
다. 그러나, 국왕의 지배가 강해짐에 따라 국왕이 파견한 셰리프

(sheriff : 대관)가 힘을 갖게 되었습니다. sheriff의 어원은 shire-grefa(샤이어의 행정무사)입니다.

노르만인의 정복 이래, 정식으로는 샤이어를 대신해서 카운티(county)가 쓰이고 있습니다. 이 말은 프랑스어 conte에서 빌려온 말로, '백작'을 뜻하는 말이었습니다. 어원은 후기 라틴어 comitem으로, 궁정에서 황제를 받드는 고관을 뜻하고 있었습니다. 이런 고관이 지방행정의 장을 맡고 있었던 것입니다. 잉글랜드는 11세기에 노르만인의 정복으로 국가가 통일된 이래, 중앙정부는 옛날부터 이어져왔던 지방구획인 샤이어에 그런 지방행정장관을 파견하고, 그들의 행정구획을 카운티라 불렀습니다. 왕은 카운티나 버러의 경제적 유력자의 대표를 모아서 과징금의 형태를 협의하게 했는데, 이 회의가 차츰 영국의회로 발전해갑니다.

오늘날, 샤이어도 전통적으로 쓰이고 있는데, 그 가운데 대부분은 더비셔(Derbyshire), 노팅엄셔(Nottinghamshire), 체셔(Cheshire)와 같은 중심도시명에 -shire를 붙입니다. 한편, 켄트(Kent), 서식스(Sussex), 도싯(Dorset), 콘월(Cornwall) 등 -shire를 붙이지 않은 주명(州名)도 있습니다.

레스터, 더비, 노팅엄, 스탠퍼드, 그리고 링컨은 오성시(五城市, five boroughs)라 불립니다. 이들 도시는 특히 바이킹이 많이 정착해 살았던 곳이며, 앵글로색슨왕이 잉글랜드를 통일한 뒤에도 군사적으로는 바이킹들의 힘이 강해 데인로에 토대를 둔 자치를 널리 인정하지 않을 수 없었던 형편이었습니다.

집회 장소를 뜻하는 지명

집회장소로는 누구나 알고 있는 곳이 선택되었습니다. 대개는 강의 나루터나 다리 부근, 숲에 생긴 풀밭, 언덕, 거목이나 거석, 큰 바위 옆, 도로를 따라난 식수터 등이었습니다. 그리고 그곳은 신성한 곳이기도 했습니다.

그런 집회의 장을 뜻하는 말로 쓰였던 것이 스토(stow)입니다. 이 말의 원래 뜻은 '멈추다'나 '장소'입니다. 중세의 고지 독일어로는 그밖에 '조사하다' '명령하다' '불평을 말하다' '소추하다' 등의 뜻으로도 쓰이고 있어서, 게르만인의 집회가 어떤 것이었는지를 엿본 듯합니다. 앵글로색슨어로는 더욱 넓게 '재판 장소'(dom-stow), '집회 장소'(thing-stow), '매장 장소'(leger-stow)와 같이 쓰이고 있습니다.

영국에서는 피터스토(Peterstow)나 데이빗스토(Davidstow)와 같이 -stow를 구성요소로 갖는 지명이 자주 띕니다. stow가 성인의 이름과 함께 쓰이고 있는 일이 많은 사실에서도, 이 말이 기본적으로는 포교 장소나 교회를 뜻하고 있었음을 알 수 있습니다. 인스토(Instow)의 In-은 성 요한(St. John), 매스토(Marstow)의 Mar-는 성 마르탱(St. Martin), 브리드스토(Bridstow)의 Brid-는 성녀 브리깃(St. Brigit)을 가리킵니다.

코츠월드 북부의 언덕 위에 있는 마을 스토 온 더 월드는 버러(borough)로 인정받았던 1107년에는 에드워드스토(Edwardstow)라 불리고 있었습니다. 노란빛을 띤 라임스톤(석회석 ─ 옮긴이)이 매

력적인 이 마을의 중심에는 성 에드워드 교회가 서 있습니다. 성 에
드워드는 앞서 쓴 참회왕 에드워드라고도, 순교왕 에드워드(재위
975~978)라고도, 은거 수도사 에드워드라는 인물이라고도 하는데,
확실한 것은 알지 못합니다. 단, 언덕의 숲(월드)에 생긴 이 마을은
앞서 쓴 포스 웨이가 지나가던 곳으로, 사람들이 모여들기 쉽고, 그
리스도교 선교도 일찌감치 행해지고 있었던 것은 확실합니다.

영국 남서부의 에이원강 하구에 생겨난 브리스톨(Bristol)도 그런
집회소가 있던 곳입니다. Bristol은 옛날에는 Brycgstowe였으며, 둠
즈데이 북에는 Bristou라는 철자로 쓰이고 있습니다. 이 지명의 뜻
은 '다리 옆의 집회소' 입니다.

4.
데인로 지대의 지명

바이킹의 습격

영국은 8세기 말부터 바이킹들이 침입해 들어와 노략질을 하기 시작하는데, 11세기 초에는 데인인의 왕인 크누트가 잉글랜드를 지배하게 되기까지 합니다. 『앵글로색슨 연대기』에 따르면 처음으로 바이킹의 노략질이 있었던 것은 793년입니다. 그 해에 용이 불을 토하는 듯한 불길한 번개가 하늘에서 번쩍이고, 그 뒤에 곧이어 대기근이 있었고, 같은 해 1월 8일에는 린디스판이 바이킹에게 약탈당하고 사람들이 학살되었다고 기록되어 있습니다. 이것은 바이킹의 습격이 얼마나 공포스러웠는지를 전하고 있습니다.

그 뒤로 바이킹은 잇따라 잉글랜드를 침략합니다. 당시에는 이미 황폐해져 있기는 했지만, 그물눈처럼 빙 둘러쳐진 로마 가도 덕분에 그들은 전격적인 이동을 할 수 있었던 것입니다. 약탈을 일삼던 무렵 바이킹 무리의 숫자는 알 수 없습니다. 많더라도 1천명에는 이르지 못했으리라는 것이 하나의 설입니다. 앞서 쓴 865년의 대군이 7천명 정도가 아니었을까 추정되고 있습니다.

바이킹이 잉글랜드에 정착해 살기 시작한 것은 876년이라고 여겨지고 있습니다. 그러나, 최고조에 이르던 노략질은 878년에 바이킹의 왕 가운데 한 명인 구스럼(Guthrum)이 앨프리드 대왕에게 패전을 당한 것을 계기로 잠깐 동안은 세력이 약해졌습니다. 그때에 협정이 만들어졌는데, 바이킹의 정착이 인정된 지역은 템스강을 거슬러 올라가 리(Lea)강에 이르러서, 그 원류에서 똑바로 베드퍼드에 닿고는 거기에서부터 다시 우즈강을 거슬러 올라가 워틀링 스트리트를 따라가는 선보다 북쪽이라고 정해졌습니다. 그것은 얼추 잡아서 런던, 해로, 루턴, 베드퍼드, 슈루즈버리를 거쳐 체스터로 통하는 선입니다.

바이킹의 모습.

이 협정을 계기로 바이킹들의 그리스도교화가 진행되게 되는데, 데인인 거주지역에서는 그들의 관례법에 따라 자치가 이루어졌습니다. 그리고, 이런 자치가 이루어졌던 지역을 나중에 데인로 지대라 부르게 됩니다. 바이킹들의 활동의 중심은 요크였으며, 노섬브리아, 링컨셔, 노팅엄셔, 더비셔, 캠브리지셔, 컴브리아 등에 흔적을 많이 남기고 있습니다. 그것을 가장 두드러지게 볼 수 있는 것이 지명입니다. 이들 지방에 집중되어 있는 -by, -thorpe, -thwaite, -holm 등을 가진 지명은 대부분 바이킹의 정주지를 나타내고 있습니다.

바이킹들의 마을 비(-by)

데인로 지대에는 커비(Kirkby), 더비(Derby), 셀비(Selby), 손비(Thornby) 등 -by가 붙어 있는 지명이 많이 있습니다. 역시 -by를 가진 지명이 스웨덴 남부지방이나 덴마크의 셸란섬에도 많이 보이는 데에서, 영국인이 데인인(Danes)이라 부르는 사람들이 원래는 스칸디나비아 남부 사람들이 중심이었음을 알 수 있습니다. -by는 어원적으로는 '거주함' 이나 '개척지' 라는 뜻의 말이었습니다. 그것이 '부락' 이라는 뜻이나, 가장 일반적으로는 농장이라는 뜻으로 쓰이고 있었습니다. 오늘날의 발음은 덴마크어로나 스웨덴어로 모두 '뷔' 이며 뜻은 '도시' 나 '부락' 입니다.

북유럽에서는 하나의 후미, 평지, 계곡 전체가 하나의 농장이 되는 것이 일반적이었습니다. 그것은 널따랗게 몇 킬로미터에 걸쳐져 있어서 하나의 영토라 부를 만한 것이었으며, 그런 농장에서 노예나 소작인 등을 포함한 한 가족 또는 몇 가족이 방목을 중심으로 한 농업에 종사하고 있었습니다. 그리고, 농장을 나타내는 가장 일반적인 말이 북유럽어 stadr였습니다. 오늘날의 덴마크어 지명 어미인 -sted나 스웨덴어 -stad의 어원으로 영어 stead(지소支所, 농장)와는 친척관계에 있는 말입니다.

-by는 그런 농장의 변두리에 새롭게 생겨난 간척지나 개간지를 나타내는 말로 쓰였습니다. 원래 뜻은 '사는 곳, 집의 부지'입니다. 인구가 늘어났다거나 정치적 박해를 받았다거나, 어떤 이유에서 새로운 토지가 필요해져 브리튼섬에 새로이 개척한 토지에 -by라는 지명 어미를 붙였던 이유를 알 것 같습니다.

바이킹들이라고 해서 언제나 전투적이지는 않았습니다. 새롭게 토지를 개간한 땅에서 조금씩 지위를 다져간 사람들도 많아, 앞선 앵글로색슨인이 손대지 않고 있던 토지를 경작하거나 방목장을 개발하기도 했습니다. 따라서 -by를 가진 토지에는 -ham이나 -ingham, -ton을 지명 어미로 가진 땅과 비교하면 경작에 어울리지 않는 토지가 많이 있었습니다. Selby의 Sel-은 목탄 등으로 쓰는 버드나무(sallow tree)를 뜻하고, Thornby-의 Thorn-은 가시가 있는 산사나무 종류를 뜻하는 말이어서 그런 관목이 자라는 척박한 토지를 상상할 수 있는 지명입니다.

더비와 럭비

-by를 가진 대표적인 지명에 더비(Derby)나 럭비(Rugby)가 있습

니다. 이 가운데 전자는 데인로 지대에 있고, 후자는 그 남쪽에 있는 도시입니다.

더비의 어원적 뜻은 『옥스퍼드 지명사전』(1998)에 따르면 '사슴을 키우고 있는 부락' 입니다. 그러나, 일반적으로 Der-는 이 마을을 흐르는 더원트(Derwent)강에서 비롯되었다고 생각하고 있습니다.

로마 시대에 더비는 델벤티오(Derventio)라 불리고 있었습니다. 더원트강은 트렌트강의 지류입니다. 트렌트강, 험버강을 거쳐 북해로 통하고 있어서 그곳까지 배로 거슬러올라갈 수 있었으므로 로마의 수비군이 주둔하고 있었습니다. 이 요새터는 오늘날에는 리틀 체스터라 불리며 공원이 되어 있습니다.

더비의 남서쪽 7킬로미터쯤 떨어진 곳에 렙턴(Repton)이라는 작은 마을이 있습니다. 트렌트강 기슭의 작고 높은 언덕 위에 있고, 873년부터 다음 해에 걸쳐 바이킹이 겨울의 진을 펼쳤던 곳입니다. 이 바이킹은 865년에 이스트 앵글리어에 상륙해서는 요크를 거점으로 삼아 잉글랜드 중앙부를 휩쓸고 다닌 대군이었습니다. 더비도 바이킹의 지배 아래에 들어갔습니다. 그리고 데인인의 세력이 강했던 더비는 앵글로색슨인이 세력을 되찾은 뒤에도 데인로에 의한 자치가 인정되어 오성시로 불리는 도시의 하나가 됩니다.

럭비는 워틀링 스트리트 위의 로마 요새에서 발전한 마을입니다. 이 요새는 워틀링 스트리트와 스트랫퍼드 어펀 에이번을 흐르는 에이번강이 교차하는 나루터를 감시하기 위한 것이자, 중요한 전략지점이었습니다. 그러나, 마을 자체는 워틀링 스트리트의 남쪽에 자리잡아 앵글로색슨인이 옛날 로마의 요새를 보강한 성채에서 발전했습니다.

럭비는 둠즈데이 북에는 Rocheberie라고 등록되어 있습니다. -berie는 -bery(언덕)와 같은 말로서, 자주 -bury나 -borough와 같은 뜻으로 쓰이곤 했습니다. 이 -berie가 데인인의 영향이 강한 이 땅에서 -by도 바뀐 것입니다. 덴마크어 rug는 '호밀'을 뜻하는 말이므로 덴마크 사람들은 Rugby라는 지명을 보면 '호밀밭의 마을'을 연상합니다.

바이킹의 그리스도교화를 나타내는 지명

영국 중부에서 북부에 걸쳐서는 커비(Kirby, Kirkby)라는 지명이 여기저기에 있습니다. 이들은 바이킹의 말 kirkja(교회)와 -by로 이루어진 것입니다. 원래 앵글로색슨인의 교회(circe : 치르체)가 있었던 땅에 바이킹이 들어와 지명을 자신들 풍으로 바꾼 것도 있고, 그들이 그리스도교화되어 세운 교회가 있는 집락을 뜻한 경우도 있습니다. 바이킹은 히선(Heathan : 이교도)이라 불리며 수도원이나 교회를 습격하고 약탈과 학살을 일삼았습니다. 그러나, 앨프리드 대왕과의 합의가 이루어져 차츰 그리스도교화가 진행되었습니다.

커비가 여기저기에 있는 사실에서, 후세 사람들이 어떤 커비인지를 알 수 있도록 수식어구를 붙여서 부르게 된 예도 있습니다. 컴브리아의 커비 스티븐(Kirkby Stephen)이나 요크셔의 커비 무어사이드(Kirkby Moorside) 등이 좋은 예입니다.

컴브리아의 중심도시이자 호수지대에의 남쪽 입구 마을인 켄들 (Kendal)에도 kirk가 숨어 있습니다. 이 마을은 둠즈데이 북에는 Kircabikendala라고 적혀 있습니다. '켄트(Kent)강 계곡에 있는 교회가 있는 부락'이 이 지명의 뜻입니다. 원래는 Kirkju-by(교회가 있는 부락)이라는 이름의 집락이었습니다.

바이킹들의 작은 부락

잉글랜드 동중부에서 북부에 걸쳐서는 -thorpe(-thorp)를 가진 지명이 많이 있습니다. 특히 바이킹의 세력이 강했던 요크 가까이에는 -by를 가진 지명이 섞여서 앨러소프(Allerthorpe), 케니스로프 (Kennythorpe), 베리소프(Burythorpe), 할소프(Harlthorpe), 퍼거소프 (Foggathorpe) 등에 그런 지명이 흩어져 있습니다.

이들 지명의 제1요소는 모두 사람 이름으로, 제1요소에 사람 이름을 갖는 경우가 많은 앵글로색슨계 지명 어미인 -worth의 경우와 아주 비슷합니다. 바이킹들이 정주해서 처음으로 농지를 개척해 집락을 형성했던 곳이 -by를 가진 곳이며, -thorpe를 가진 지명은 집락이 안정되고 한층 더 개척이 진행되어, 새롭게 분배되어 개간된 토지에 생겨난 작은 입식지였습니다. 그것은 부락 변두리의 한 채짜리 집이나 조그마한 집락이라는 뜻이 어울리는 지명이기도 했습니다.

제1음절에 제1강세가 오는 영어의 지명에서 -thorpe는 서프에 가까운 발음이 되며, 때로는 스로프처럼 발음하기도 합니다. 덴마크어의 -trup, 스웨덴어의 -torp에 해당하며 이들 어미를 갖는 지명은 유틀란트 반도, 셸란섬, 그리고 스웨덴 남부에 많이 있지요.

바이킹적인 -thorpe에 대응하는 앵글로색슨어의 지명 어미는 -throp입니다. 그리고 -throp을 갖는 지명의 대부분이 워틀링 스트리트 바로 남쪽에 집중되어 있습니다. 원래 앵글로색슨인의 지명인지, 아니면 바이킹의 지명을 앵글로색슨어적으로 발음한 것인지는 알지 못합니다.

브랙켄스웨이트(Brackenthwaite)나 손스웨이트(Thornthwaite), 시슬스웨이트(Thistlethwaite), 애플스웨이트(Applethwaite), 캘스웨이트(Calthwaite) 등은 컴브리아나 랭커셔, 요크셔 서부 등 바이킹이 많이 정착해 살았던 지역에서 보이는 지명입니다.

-thwaite는 북유럽어에서 기원하는 말로, 영어의 whittle([나이프 등으로] 자르다, 지우다, [지워서] ~의 모양으로 정리하다)과 친척어라고 할 수 있는 관계가 있습니다. 특히 '펼쳐진 풀밭'이나 '개척지'라는 뜻이 있었습니다.

Bracken-은 '시더(백향목)'를 뜻하는 말입니다. 호수지대에는 산기슭에서 중턱에 걸쳐 시더가 무성하게 자라다가, 산꼭대기에 가까워짐에 따라 히스로 바뀌어가는 모습이 많이 눈에 띕니다. 이 지방의 초록이 아름다운 양목장 가운데는 시더를 베어내고 개척한 것이 많습니다.

-thwaite를 가진 지명의 제1요소에는 작물이나 동물, 또는 인명 등을 나타내는 것이 있습니다. Apple-은 '사과', Cal-은 '송아지'

(calf)를 가리킵니다. 그리스웨이트(Gristhwaite)의 Gris-는 사람 이름입니다.

작은 섬을 뜻하는 북유럽어 옴

'북유럽의 베네치아' 라고 불리는 스톡홀름(Stockholm)은 발트해의 후미에 떠 있는 몇 개의 섬 위에 만들어진 도시입니다. -holm은 고대 북유럽어 holmr이 어원으로, 영어의 hill(언덕)과는 친척관계지요. '작은 섬' 이나 '높아진 곳' 이 이 지명 어미의 뜻입니다.

Stock-의 어원은 확실치는 않지만, 고대 북유럽어에 stockr(나무줄기, 말뚝)가 있어서, 스톡홀름은 옛날에 누군가가 정착해 살았음을 나타내는 말뚝 등이 남아 있던 섬에 새로이 생겨난 정주지였으리라 여겨집니다. 하구나 라군(석호)에는 말뚝을 박아 지반을 굳히고 그 위에 집을 짓는 일이 흔히 있었습니다. 전형적인 곳이 이탈리아의 베네치아인데, 베네치아는 훈족이나 게르만 민족의 습격을 피하기 위해 라군의 섬에 만든 정주지입니다. 유명한 산 마르코 광장은 1백만 개 이상의 말뚝을 빽빽하게 박고 그 위에 돌을 빈틈없이 깐 것입니다.

바이킹이 많이 정착해 살았던 데인로 지대에는 캠브리지셔, 컴브리아, 그리고 요크셔 북부의 옴(Holme)이나 컴브리아의 옥슨햄(Oxenholm)이나 밀햄(Millholme) 등 holme이 단독으로 지명이 되거나, 지명요소가 되어 있는 예가 여기저기에 있습니다. 이들은 강 가까이의 물에 잠기지 않을 정도의 높이에 있는 방목지이거나 언덕이었던 곳입니다. Oxen-은 '암소', Mill-은 '물레방아'를 뜻하는 말입니다.

뉴캐슬 남쪽 28킬로미터에 자리잡고 있는 더럼(Durham)의 -ham은 -holme의 변화형입니다. Dur-는 켈트어 dun(힐포트)이 어원이며, 더럼은 북해로 흐르는 위어(Wear)강이 U자 모양으로 구부러진 안쪽의 작은 섬 같은 언덕에 지어진 요새를 중심으로 발전한 도시입니다. 오늘날 이 언덕에는 마을을 굽어보듯 하고 있는, 노르만 시대에 시작된 성(城)과 성(聖) 커스버트에서 이름을 따온 대성당이 지어져 있습니다. 커스버트는 린디스판의 주교를 지내고, 북잉글랜드 포교

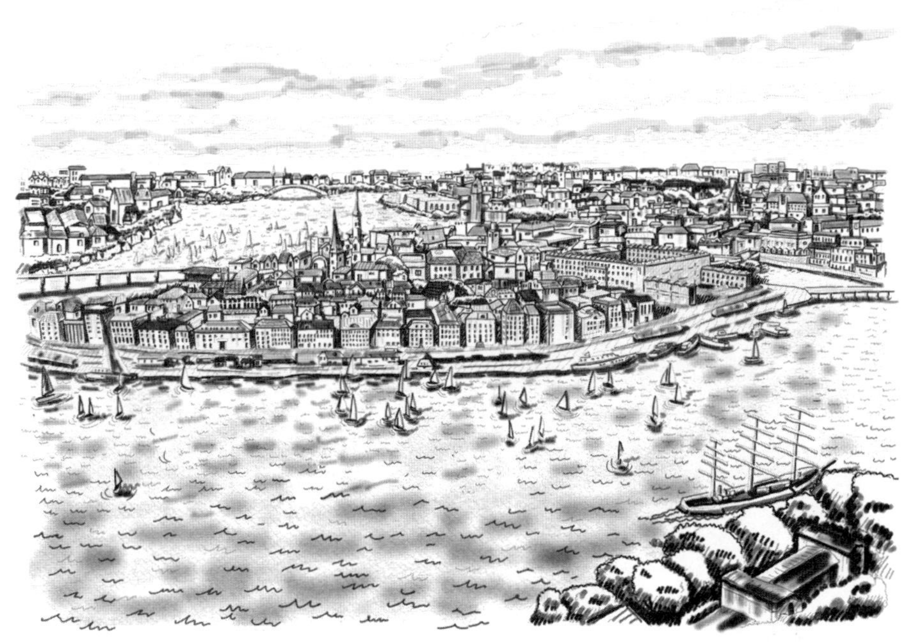

스톡홀름 풍경.

에 온힘을 쏟았던 성인입니다. 그는 살아 생전에 담수가 없었던 섬
에 물을 솟아나게 하고, 불모지였던 섬에 작물을 자라게 하는 등 많
은 기적을 베풀었다고 하여 성인으로 추모되었고, 많은 제자들이
그의 곁으로 모여들었습니다. 죽은 지 12년이 지난 뒤에 그의 유체
를 파냈을 때 육체가 생전 그대로였다고 해서 커스버트에 대한 신
앙이 왕성해지기도 했습니다.

퍼스(Firth), 사운드(Sound), 윅(Wick)

노르웨이에는 -fjord(피오르드), -sund(해협), -vik([작은] 후미, 만,
흐름, [바다의] 수계水系) 등을 어미로 가진 지명이 많이 있습니다.
이들은 특히 산지가 많고 해안선이 깊숙이 들어간 노르웨이의 지형
특징을 잘 드러낸 지명 어미입니다. 노르웨이와 아주 비슷한 지형
을 갖고 있고, 스칸디나비아의 영향을 강하게 받았던 스코틀랜드에
는 -firth, -sound, -wick을 가진 지명이 많습니다.

더럼 성당에 있는 성 커스버트로 추정되는 인물이
그려진 12세기 말의 벽화.

에딘버러가 면해 있는 포스만(Firth of Forth)이나 퍼스까지 들어가 있는 테이만(Firth of Tay), 더 나아가 네스호 남단의 포트 윌리엄 가까이의 론만(Firth of Lorn)처럼 깊숙이 들어가 있는 만을 퍼스(firth)라고 합니다. 그런 후미에는 테이만이나 포스만처럼 해안선을 따라 기름지고 농사짓기 좋은 토지가 있고 배후의 경사지가 목초지로 쓰이고 있는 곳이 있는데, 바다에서 산이 솟아나 있기도 하지요.

스코틀랜드의 거의 최북단, 북해에 면한 윅(Wick)이라는 어촌이 있습니다. 옛날에는 Vik이라 불리고 있었습니다. 그곳은 좁은 만으로 되어 있어 부락이 만에 의해 지켜지는 듯한 위치에 있습니다. 북요크셔 해안에도 런즈윅만(Runswick Bay)이나 와이크만(The Wyke) 등이 있습니다. 이들의 -wick나 Wick(Wyke)은 Viking의 Vik-와 같은 것으로, 바이킹들이 작은 만이나 후미에 침입하거나 그런 곳에서 장사를 했던 데에서 '좁은 후미의 사람들'이라는 뜻으로 이렇게 불렸다고 해석되고 있습니다.

'해협'을 뜻하는 sound와 swim(헤엄치다)은 친척입니다. 스코틀랜드에는 컬린 사운드(Cullin Sound)나 사운드 오브 슬릿(Sound of Sleat) 등이 있습니다. 사운드는 깊은 후미의 둘러싸인 땅 주변의 길을 뜻하는 말로 쓰였습니다.

북유럽 신화의 신들에서 비롯된 지명

앨프리드 대왕을 섬겼던 웨일스의 학승(學僧) 아서가 쓴 『앨프리드 대왕전』에 앨프리드의 가계가 나타나 있습니다. 거기에는 앨프리드 대왕의 선조는 서(西)색슨 왕국의 건설자인 체르딕(Cerdic)으로 이어지며, 다시 북유럽 신화의 주신 오딘을 거쳐 마침내는 아담에 이른다고 씌어 있습니다. 앨프리드 대왕은 그리스도교의 왕이며, 대왕의 가계에 오딘이 포함되어 있다는 것은 오딘이 이미 신이 아니라 '인간'임을 명시한 것으로 해석되고 있습니다. 그러나, 오딘을 포함하고 있는 것은 명백하게 가계의 정당성을 과시한 것이며, 북유럽 신들에 대한 신앙이 당시 사람들 속에 아직 살아 있었음을 나타내고 있기도 합니다.

바이킹은 앵글로색슨인이 이미 버렸던 북유럽 신화를 믿던 이른바 이교도였습니다. 그래서 북유럽 신화에 뿌리를 둔 지명이 데인로 지대에 다양하게 보입니다. 오늘날에는 버밍엄 도시권에 포함되어 있는 웬즈베리(Wednesbury)나 웬즈필드(Wednesfield)의 Wednes-는 Wednesday(수요일)의 Wednes-와 마찬가지로 오딘입니다.

험버강 남동쪽 기슭의 그림스비(Grimsby)는 '그림의 부락'이라는 뜻의 지명인데 그림은 사람 이름이라고 생각할 수 있습니다. 그러나, 그림은 오딘의 부가명으로 알려져 있으므로 이 지명의 뜻은 '오딘의 마을'이라고 해석할 수도 있지요.

그림스비는 바이킹 시대에는 어촌으로, 근대가 되고부터는 북해나 북극해에서의 명태 트롤 어선 기지로 번영했습니다. 오늘날 그림스비에서 험버강 남안 일대는 어육가공공장, 제철소, 석유정제소, 그밖의 공장이 나란히 세워져 언제나 연기와 수증기를 내뿜는 거대한 공장지대가 되었습니다.

오딘과 함께 바이킹이 믿던 뇌신이자 풍요신인 토르(솔)에서 비롯된 지명도 여기저기에 있습니다. 노팅엄셔의 솔즈비(Thoresby), 링컨셔의 솔즈웨이(Thoresway) 등이 그 예입니다. Thores-는 Thor의 소유격입니다. 후자와 같은 지명이 예전에 더비셔에도 있었고, 둠즈데이 북에는 Toreswe로 실려 있습니다. 이 -we는 '신을 모시는 사당'으로 오늘날의 -way(길)와 혼동되어 생겨난 것입니다.

오딘 신앙이 데인인 사이에서 번창한 데 비해 토르는 주로 노르웨이인이 믿었습니다. 요크셔에는 소럴비(Thoralby)나 소를비(Thorlby) 등의 지명이 있습니다. 이들 지명의 제1요소는 인명 Thoraldr입니다. -aldr의 뜻은 '지배자'이며 이름의 뜻은 '토르와 같은 지배자'입니다. 아이슬랜드 사가(saga)에 이 지명이 많이 나오는 것으로 보아 노르웨이계 바이킹이 들어갔던 곳으로 여겨집니다.

바이킹의 마을에 생겨난 길, 게이트

바이킹이 남긴 지명 가운데에 캐슬게이트(Casltegate)나 커크게이트(Kirkgate)처럼 -gate가 붙는 것이 있습니다. 캐슬게이트는 '성으로 통하는 길', 커크게이트는 '교회로 통하는 길'이라는 뜻입니다. 이 -gate는 고대 북유럽어 gata(길)가 어원이며, 스칸디나비아에서는 집이나 둘러싸인 땅 근처의 길을 뜻하는 말로 쓰였습니다.

노팅엄의 카터 게이트(Carter Gate), 바커 게이트(Barker Gate), 플레처 게이트(Fletcher Gate), 구즈 게이트(Goose Gate)와 같이 직업, 상업을 나타내는 말을 제1요소로 갖고 있는 예도 보입니다. 카터 게이트란 '짐마차꾼 거리', 바커 게이트는 '가죽가게 거리', 플레처 게이트는 '화살깃쟁이 거리', 구즈 게이트는 '거위가게 거리'라는 뜻입니다. 더비에는 아이언 게이트(Iron Gate : 대장간 거리)가 있고, 역시 바이킹의 영향이 강했던 동커스터에는 백스터 게이트(Baxter Gate : 빵집 거리)가 있습니다.

그러나, 이 gate는 앵글로색슨어 gate(구멍, 찢어진 틈, 벽에 뚫린 통로)와 구별하기 힘들며, 실제로는 같은 뜻으로 쓰이기도 했습니다. 방향을 나타내는 말을 제1요소로 갖는 Northgate, Southgate, Westgate, Eastgate 등의 경우, '길'을 뜻하는지 '문'을 뜻하는지는 섣불리 말할 수 없습니다.

켄트주의 마게이트(Margate)나 램스게이트(Ramsgate)는 앵글로색슨어인 gaet(문)가 어원입니다. Margate의 Mar-는 앵글로색슨어 mere(바다)가 어원으로, 이 지명의 원래 뜻은 '해안의 절벽에서 바다로 열린 곳'이지요. 로마시대 지도를 보면 백악의 절벽이 깊숙이 들어간 곳에 빌라가 펼쳐져 있으며, 그 빌라터에서 앵글로색슨인의 집락이 생겨났습니다. Ramsgate의 Rams-는 갈가마귀(raven)이자 '갈가마귀가 있는 절벽에서 바다로 트인 곳'일 것으로 여겨지고 있습니다.

5장

중세적 세계에서 대항해시대로

유럽의 중세는 거의 1천년이라는 오랜 세월 동안 계속되었습니다. 암흑의 시대라고도 많이 불리지요. 그러나, 중세는 격동의 시대이기도 했습니다. 민족 대이동으로 시작되어, 전반은 유럽이 형성된 시대이며, 후반은 십자군으로 상징되듯, 유럽이 기세좋게 확대해 갔던 시대였습니다. 그런 중세 시대에 현재 쓰이고 있는 지명의 대부분이 생겨난 것입니다.

중세가 끝나면 지리적 대발견에 의해 식민활동이 이루어지게 되어, 유럽은 그 세계를 성난 파도처럼 넓히고, 유럽인이 옛날 그리스 때부터 갖고 있던 지리적 개념은 로망에 의해 되살아나고, 과학에 의해 껍데기를 벗고서, 신세계의 지명이 되어 오늘날까지 남아 있는 경우가 많습니다.

1.
마파 문디에 그려진 세계

중세 영국인의 세계관

중세 유럽 사람들은 둥글고 평평한 원반 같은 세계를 생각했고, 원반의 위쪽 절반이 아시아, 아래 오른편이 아프리카, 아래 왼편이 유럽이라고 세계를 셋으로 나누었습니다. 위쪽의 아시아와 아래쪽의 두 영역을 나누는 것은 원을 이등분하는 띠처럼 흐르는 나일강과 타나이스강(돈강)입니다. 그 띠의 가운데에서 아래를 향해서 지중해가 있고, 나일-타나이스를 나타내는 띠와 두툼한 막대 모양의 지중해와는 T자처럼 되어 있습니다. 그래서 중세의 이런 지도를 TO지도라 부르고 있습니다.

중세 지도로 가장 잘 보존되어 있는 것은 잉글랜드 남서부의 헤리퍼드 대성당에 있으며 마파 문디(Mappa Mundi : 세계지도)라 불리고 있습니다. 에드워드 1세(재위 1272~1307) 시대인 13세기 말에 링컨에서 만들어진 지도입니다.

에드워드 1세는 황태자 시절에 십자군에 참가해서 이름을 떨치고, 왕으로서는 웨일스를 정복하고, 윌리엄 월리스의 반란으로 상징되는 강한 저항을 받으면서도 스코틀랜드를 억누르고, 의회를 발전시켜 영국의 토대를 구축했다는 왕입니다. 당시는 농업기술이 발달하고 도시화가 진행되었습니다. 그러나, 십자군 운동의 실패가 너무나 명백해서 사람들의 관심이 내부로 쏠리는 경향이 있었던 시대이기도 했습니다.

헤리퍼드의 세계지도 마파 문디는 그런 시대의 영국인이 어떤 세계관을 갖고 있었는지를 말할 때에 자주 인용으로 등장합니다.

마파 문디는 세계의 주위를 오케아노스가 둘러싸고, 방위는 위가 동쪽, 아래가 서쪽, 왼쪽이 북쪽, 오른쪽이 남쪽입니다. 파라다이스는 가장 위쪽, 즉 가장 동쪽의 오케아노스에 떠 있고, 한층 더 위쪽의 천국에 신이 앉아 있습니다.

아래 절반은 거의 가운데를 폭넓은 지중해가 차지하며 아래쪽 즉, 서쪽을 향해 트여 있습니다. 나일강은 지중해의 오른쪽 끝에서

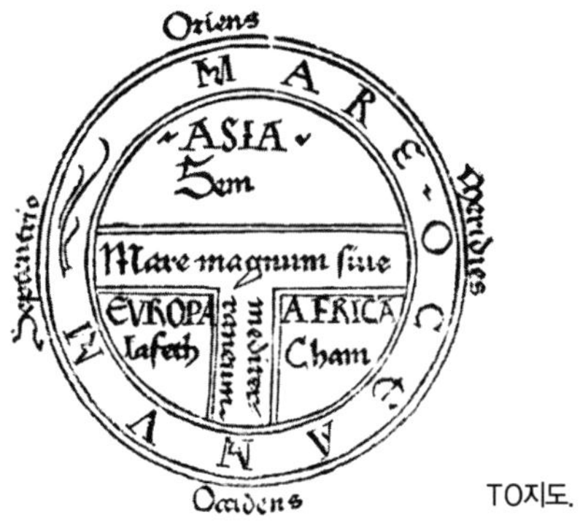

TO지도.

더욱 오른쪽으로 흘러, 거의 직각으로 위로 구부러져 있습니다. 카이로(Cairo)는 위로 흐르는 나일강의 훨씬 상류에 있는 중주(中州)에 펼쳐진 도시입니다. 이 지도를 보면, 제1장에서 썼듯이 헤로도토스가 나일 델타를 세계의 네 번째 지역으로 꼽아야 한다고 주장한 이유를 알 것도 같습니다.

흑해는 지중해의 왼쪽 끝에서 위로 뻗어 있고, 몇 개의 강이 흘러들고 있습니다. 중앙부에 왼쪽에서 흘러드는 가장 큰 강이 돈강입니다. '도시의 여왕' 으로 불렸던 콘스탄티노플은 나름대로 멋지게 그려져 있지만, 파리와 비교해서 눈에 띄게 조그맣고, 안티오키아보다도 작게 그려져 있습니다. 더욱이 당시에는 존재하지도 않던 트로이가 콘스탄티노플보다도 큼지막하게 그려져 있습니다.

흑해와 지중해 오른쪽 끝의 나일강 하구 중간에는 커다란 후미 같은 바다가 있고, 그 오른쪽의 팔레스티나와 왼쪽의 아나톨리아는 나란한 커다란 반도처럼 되어 있습니다. 팔레스티나는 세계의 거의 한가운데에 있으며, 그 한가운데에 예루살렘이 있습니다. 원을 이룬 예루살렘의 성벽은 한층 더 커서 예루살렘이 세계의 중심임을 나타내고 있습니다.

지중해의 중심에는 시칠리아섬과 크레타섬이 특히 크게 그려지고, 크레타섬에는 미노스왕이 미노타우로스를 가두었던 미궁 래버린스가 있습니다.

아테네를 중심으로 결성되었던 델로스(Delos) 동맹의 이름의 유래가 되었던 델로스섬은 실제로는 에게해에 떠 있는 아주 작은 섬

이지만, 커다란 섬으로 그려져 있고, 심지어 중요하다는 것을 나타
내기 위해 점선으로 둘러싸여 있습니다. 이 섬은 아폴론 숭배의 중
심지이며, 아폴론이나 아르테미스가 태어난 곳으로 알려져 『오디세
이아』(VI · 178)에도 등장합니다. 이렇듯 마파 문디에는 그리스도교
적 우주관 안에 그리스 신화의 세계가 짙게 나타나 있음을 알 수 있
습니다.

중세의 하천과 교통

헤리퍼드의 마파 문디에서 특히 두드러지는 것은 지도에 핏줄처
럼 그려져 있는 하천입니다. 그들은 어울리지 않게 크고 두꺼워서
하천이 당시 교통의 동맥이었음을 잘 나타내고 있습니다.

알프스에서 시작해 유럽을 북쪽으로 흐르는 라인강과, 역시 알
프스에서 시작해 동쪽으로 흘러 흑해로 흘러드는 도나우강은 지류
까지 포함해 특히 크게 그려져 있습니다. 이들 강이 유럽 교통의 대
동맥이었음을 말해주는 것입니다. 라인강은 알프스 바로 앞에서 론
강 지류와 이어져 지중해의 마르세이유를 지나고 있습니다. 그리고
센강과 론강과도 이어져 있듯이 그려져 있습니다. 론강 상류에서
루아르강도 멀지 않습니다.

갈리아를 정복했던 카이사르는 강을 따라가는 길, 또는 물길을
충분히 이용했습니다. 이들 물길은 십자군에게도 특히 중요한 교통
로였습니다. 제1차 십자군이었던 부용의 고드플루어 군대, 제2차
십자군의 루이 7세와 엘레아노르가 이끌었던 프랑스 군대, 제3차

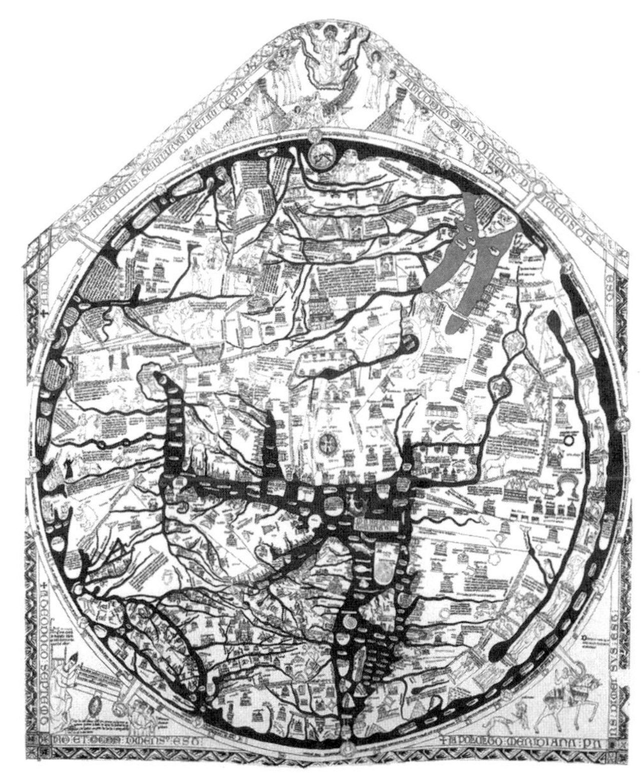

헤리퍼드의 마파 문디.

십자군의 프리드리히 바르바로사 군대 등은 빈에서 도나우강을 내려가 헝가리를 거쳐서 성지 예루살렘으로 향했습니다. 제7차, 제8차 십자군을 이끌었던 성왕 루이 9세는 센강에서 론강을 거쳐 지중해로 나갔습니다. 십자군의 중요한 중계지가 되었던 베네치아는 라인강에서 알프스 계곡을 거쳐 다시 강을 끼고 갈 수 있게 되어 있습니다.

지중해를 보면, 맨아랫부분의 오케아노스로 이어지는 주위에 헤라클레스의 기둥이 있습니다. 이베리아 반도에서는 에브로강이 특히 크게 그려지고, 실제로는 대서양으로 흐르는 과달키비르강 연안에 있는 코르도바나 세비야가 에브로강 근처에 있는 것으로 되어 있습니다. 이것은 에브로강이 이베리아 반도에서는 유일하게 상류까지 배로 갈 수 있었다는 점, 아라곤과 카스티야의 레콘키스타의 성취가 안달루시아보다도 일렀다는 점에서 비롯됩니다.

유럽의 안과 밖

이 세계지도의 왼쪽 아래에 그려진 유럽은 아시아나 아프리카와 비교해서 두드러지게 자세히 그려져 있습니다. 유럽의 중심은 파리이며, 그 성은 더 한층 훌륭합니다. 다음으로 훌륭한 것은 로마로, 교황청 소재지로서 로마의 중요성도 두드러집니다. 그 밖에 순례지로서 산티아고 데 콤포스텔라 등도 당시 사람들에게 커다란 의미를 가졌음을 지도에서 읽을 수 있습니다.

브리튼섬은 유럽의 왼쪽 끝의 섬이며, 스코틀랜드와 잉글랜드가 바다에 의해 가로막혀 있습니다. 잉글랜드에서는 런던, 링컨, 요크나 커스버트와 관련된 성지인 더럼의 중요성이 특히 강조되어 있습니다. 그러나, 캔터베리는 몇 단계 아래 취급입니다. 당시에 캔터베리보다 요크가 지위가 높았음을 느낄 수 있습니다.

잉글랜드의 그밖의 도시는 북쪽에서 뉴캐슬, 칼라일, 체스터, 콜체스터, 옥스퍼드, 런던, 우스터, 윈체스터, 슈루즈버리, 글로스터, 글래스턴베리, 엑시터 등이 그려져 있습니다. 이들은 주교좌를 가진 도시였던 곳으로, 지역의 종교적 중심인 동시에 경제적·행정적 중심이기도 했습니다. 지명 어미에서도 알 수 있듯이 대개는 로마의 성채가 있던 곳이었습니다. 이렇게 보면, 로마인이 성채를 쌓거나 식민시로 삼았던 곳은 중세 도시로의 발달과 강한 관계가 있었음을 알 수 있습니다.

유럽의 바깥에 관해서는, 현대인의 지식에서 보면 이상한 것이 여러 가지 보입니다. 하나는, 아시아나 아프리카에 다양한 괴물이 살고 있다는 것입니다. 아프리카에는 카이로를 흐르는 나일강 말고도 또 히니의 그것보다 커다란 니일강이 오게이노스를 따라 위에서 아래로 흐르고 있습니다. 나일강과 오케아노스 사이에는 머리가 없고 가슴에 눈과 입이 있는 인종이 살고 있습니다. 불사조 피닉스는 사해와 홍해 사이 근처에 살고 있는 것으로 그려져 있습니다.

아시아에는 인더스강이 홍해로 흘러들고, 실론섬은 홍해의 하구에 있는 커다란 섬입니다. 실론섬에는 용이 있습니다. 또한, 인도의 남쪽과 아프리카의 남쪽은 무척 가까우며, 인도양은 없습니다.

중국에는 외다리 인간이 살고 있는 것으로 되어 있습니다. 그리고 중국 변두리의 오케아노스에는 몇 개의 섬이 있고, 그 가운데 한 섬에는 말(馬)의 발을 가진 인간이 살고 있습니다. 지도에는 씌어 있지 않지만, 아마 그 부근이 일본이리라 생각할 수 있습니다.

카스피해는 오케아노스에서 들어온 깊숙한 내해(內海)로 그려져 있습니다.

성서의 무대

TO지도의 T는 십자가를 뜻한다고 여겨지고 있습니다. 가로 막대와 세로 막대가 엇갈리는 곳에 예루살렘이 있고, 그 주위에 베들레헴, 헤브론, 예리코 등 그리스도교 성지가 있습니다. 팔레스티나는 아나톨리아보다 커서 사람들의 관심이 성지에 쏠려 있음을 알 수 있습니다. 유프라테스강 기슭에는 바빌론이 있고, 거기에는 거대한 바벨탑이 서 있습니다.

예루살렘(Jerusalem)의 옛 지명은 살렘(Salem)이었습니다(창세기 14장 18절). 살렘은 가나안인의 신의 이름이었는데, 히브리인에게는 아브라함이 믿었던 '지극히 높은 신' 즉 야훼라고 번역되었습니다. 그리고, Salem은 전통적으로는 Solomon(솔로몬)이나 Salome(살로메), 인사로 쓰는 shalom(샬롬)과 같은 어원의 말로 여겨졌습니다. 그것은 '평화'를 뜻하는 지명입니다. Jeru-는 '토대'나 '집'을

바위의 돔 사원이 가운데에 보이는 예루살렘 풍경.

폴 고갱이 그린
「천사와 씨름하는 야곱」.

뜻한다고 해석되고 있으니, 예루살렘의 뜻은 '살렘의 집'이나 '평화의 집(토대)'이라는 말이 됩니다.

그 '평화'란 전쟁이 없는 것뿐만 아니라, 신의 힘이 충만해 있는 것을 뜻합니다. 가나안인의 신은 일반에게는 엘(el)이라 불렸습니다. 그리고, 이 엘의 표상은 힘이나 정력의 표상이기도 한 수소(牡牛)입니다.

엘의 속성은 이스라엘의 신으로 이어지고 있습니다. 족장 야곱이 요르단강으로 흘러드는 얍복강에서 불가사의한 인물과 드잡고 씨름을 하는데, 그 인물에게 이겼다해도 지나치지 않을 힘을 발휘합니다. 그리고, 신이라 여겨지는 그 인물로부터 이스라엘(Israel)이라 이름지으라는 계시를 받습니다. 이스라엘은 '신과 싸우는 이'라는 뜻입니다. 이것은 신이 '힘'을 가진 존재임을 표명하는 것이기도 합니다.

그 힘있는 신이 다스리는 세계는 자손이 대지의 모래알처럼 많
아지고, 하늘의 이슬과 땅이 맺는 과실, 곡물, 포도주 등이 넘치고
많은 백성이 선택된 민족 앞에 엎드리는 곳입니다. 신약성서에서
예수의 별명도 임마누엘(Immanuel)인데 뜻은 '신은 우리들과 함께
계십니다' 이며, 수태한 마리아는 신을 찬미하며 '힘있는 분' 이라 부
르고 있습니다(누가복음 1장 49절).

시온(Zion)은 예루살렘에 있는 한 언덕의 이름입니다. 이 지방의
동서와 남북의 교통이 교차하는 전략지점에 있었습니다. 그곳은 다
윗이 성채를 쌓고 솔로몬이 신전을 세웠던 곳으로, 다윗이 지었던
성채를 시온이라고 하기도 합니다. 시온은 또한 유대인의 정신적인
성채이자 '신의 도시' 라는 뜻을 갖게 되어, 예루살렘과 같은 뜻으로
도 쓰였습니다. 신의 도시가 어떤 것인지가 신약성서의 『요한계시
록』(21장 9~21절)에 그려져 있습니다. 그에 따르면 성스러운 도시는
신의 영광으로 빛나며, 그 빛은 최고의 옥석과 같고, 투명한 벽옥과
같았습니다. 중세의 독실한 유럽인이 묘사한 예루살렘의 이미지도
그런 것이었음에 틀림없습니다.

이 예루살렘 성밖에 형장 골고다 언덕이 있으며, 예수는 여기서
처형되었습니다. 이 언덕은 라틴어로는 칼바리아(Calvaria), 영어로
는 캘버리(Calvary)이며 뜻은 '두개골' 입니다. 기분나쁜 지명으로
참으로 형장다운 느낌이 들지만 지명의 유래는 지형에 있다고 여겨
지고 있습니다.

전설에 따르면 콘스탄티누스 대제가 골고다 언덕에서 예수의 묘

를 발견하고, 이어서 대제의 어머니 헬레나가 진정한 십자가를 발견했다고 하지요. 그래서 이 땅이 중세 순례자들의 목적지가 되었던 것입니다. 십자군은 이슬람교도에게 뺏긴 이 성지를 탈환하기 위한 대대적인 운동이었습니다.

베들레헴(Bethlehem)은 예루살렘 남쪽 8킬로미터에 있는 마을입니다. 야곱에 의해 요셉과 벤야민의 어머니가 되었던 라헬이 묻힌 곳이며, 다윗의 고향입니다. 다윗이 사무엘에 의해 기름이 부어지며 히브리인의 왕이 될 운명을 짊어지게 된 곳도 베들레헴이었습니다. 히브리인이 국토를 잃고부터 이 땅에 메시아가 출현한다는 예언이 있었으며, 베들레헴에서 예수가 태어남으로써 그 예언은 실현됩니다.

Bethlehem은 히브리어 bet(house)와 lekhem(bread)로 이루어지며, 원래 뜻은 '빵의 집' 입니다. 베들레헴 주위가 기름진 토지였기 때문에 그렇게 이름붙여졌다고 여겨지고 있습니다.

베들레헴 풍경.

헤브론(Hebron)은 메소포타미아의 우르에서 가나안으로 와서 머물고 있던 히브리인 족장 아브라함이 처음으로 자신의 토지를 얻었던 곳입니다. 아브라함과 그의 아내 사라는 이 땅에 묻혔다고 여겨지며, 다윗이 유대 왕위에 오른 것도 이 땅이라 여겨져(사무엘기 하 2장 4절) 유대 그리스도교에게 중요한 성지입니다. Hebron의 어원은 히브리어 khavor(to join : 잇다)라고 설명되고 있습니다. 사람들을 연결하는 '요소(요점)' 라는 뜻을 가졌다고 여겨져 왔지요. 아브라함은 이슬람교도에게도 예언자이며, 헤브론은 아랍어로는 알 카릴(al-Khalil : 친구)입니다.

예리코(Jericho)는 요르단강 연안의 해발 마이너스 25미터 계곡에 있으며, 비가 많고 기온도 높고 토지는 기름집니다. 중요한 전략 지점이자, 모세에게 인도되어 약속의 땅 가나안으로 향했던 유대인이 모세가 죽은 다음 여호수아에게 인도되어 약속의 땅에 들어간 곳이 예리코입니다. 예리코가 '대추야자의 마을' 이라 불리는 것은

예리코 풍경.

이 땅에 대추야자가 무성했기 때문인데, 대추야자는 동지중해 지방에서는 승리의 표상으로 유대인의 승리와 관련된 것이리라 여겨지고 있습니다. Jericho의 어원은 히브리어 yareakh(달)이라 여겨집니다. 이 땅에서 예전부터 행해지던 월신(月神)신앙에서 유래하는 지명입니다.

바빌론은 중부 메소포타미아의 유프라테스강을 따라 생겨난 고대도시로 메소포타미아에서 가장 번창한 도시이기도 했습니다. 바빌론은 수메르어로는 카 딘길(신의 문)이라 하는데, 이 수메르어가 아카드어 밥 일라니(Bab-ilani)라 번역되고, 그리스어의 영향을 받아 바빌론(Babylon)으로 바뀌어간 것입니다.

바빌론을 수도로 한 바빌로니아는 함무라비 법전을 편찬했던 함무라비왕(재위 BC 1792~1750, 또는 BC 1729~1686) 무렵에 제1기 최성기를 맞이하고, 기원전 6세기의 네부카드네자르 2세(재위 BC 605~562) 무렵이 제2의 최성기였습니다. 전자를 제1바빌로니아 왕조라고 부르고, 후자를 신바빌로니아 왕조라고 부릅니다. 이 네부카드네자르 2세가 팔레스티나를 공격해서 유대 왕국은 멸망하고 많은 유대인이 바빌론으로 포로의 몸이 되어 끌려가게 됩니다. 바빌론은 나중에 알렉산드로스 대왕이 병으로 쓰러진 곳으로도 알려지게 되었습니다.

이런 까닭에 바빌론은 유대 그리스도교도에게는 적의 수도이자 악과 허영이 창궐하는 도시이기도 했습니다. 바빌론의 불손함을 상징적으로 나타내는 것이 바벨탑(Tower of Babel)인데, 이 Babel은

Babylon의 히브리어적 변화형에서 오늘날에 전해진 것입니다. 이
바벨탑은 마파 문디에는 세상의 어떤 건물보다도 크고 높고 훌륭하
게 그려져 있습니다.

2.

북유럽 신화의 세계관과 바이킹의 활약

스노리의 『에다』가 말하는 세계관

스칸디나비아(Scandinavia)의 Scandi-는 스웨덴의 남부 스코네 (Skåne) 지방을 뜻하는 말입니다. -avia는 '섬'을 뜻하는 게르만어에서 비롯된 말로, 라틴어적으로 표기된 것입니다. 스칸디나비아는 고대 북유럽어로는 Scaney로, -ey는 '섬'을 뜻합니다. 그리스의 철학자이자 지리학자인 프톨레마이오스의 세계지도에서는 이 지방은 작은 섬으로밖에 그려져 있지 않습니다.

그로부터 1천년 이상이 지난 뒤에 그려진 헤리퍼드의 마파 문디에도 발트해 북쪽의 스칸디나비아 반도라 여겨지는 곳에는 아무 것도 그려져 있지 않습니다. 그리고, 그 반도의 위쪽, 즉 동쪽에 오크니 제도가 있고, 그 위에 오목할 요(凹) 자를 거꾸로 한 것 같은 노르웨이가 있습니다. 그런 배치는 대부분 정확하지 않아서 스칸디나비아에 관해 별로 알려져 있지 않았음을 알 수 있습니다. 노르웨이에는 원숭이 같은 동물과 스키를 신은 인간이 그려져 있을 뿐입니다. 바이킹이 전유럽을 휩쓸고 다니고, 잉글랜드를 시작으로 여기 저기에 강력한 왕국을 세운 뒤인데도 이 정도밖에 기술되어 있지 않은 것이 놀랍습니다. 그리스도교적으로는 아직 주목할 만한 것이 없었던 것이 이유인 듯합니다.

마파 문디에 그려진 세계는 그리스도교적 우주관에 그리스 신화의 세계를 거의 그대로 집어넣은 것이었습니다. 아주 비슷한 세계관을 13세기에 스노리 스툴루손이 정리한 북유럽 신화인 『에다』에서도 볼 수 있습니다.

『에다』의 프롤로그에 따르면, 지중해 남쪽 지역을 아프리카라 부르고, 북쪽 지역은 유럽, 동쪽 부분(위의 절반 부분)은 아시아입니다. 그 아시아는 모든 것이 아름답고, 작물이 풍성하고, 금과 은이 가득합니다. 그리고, 그 세 개의 지역이 맞닿는 세계의 중앙부는 다른 어떤 부분보다도 훌륭하고, 거기에 사는 사람들은 가장 높은 명예를 타고났으며, 뛰어난 지혜를 갖고, 힘이 세고, 아름답고, 모든 기술을 몸에 익히고 있습니다. 트로이는 그 중심에 쌓아올려진 도시이며, 아담과 이브의 자손으로 트로이의 왕 프리아모스가 있고, 토르(Thor)는 프리아모스의 손자이며, 토르의 자손으로 오딘이 태어납니다.

바이킹의 지리적 발견

앞서 썼듯이 유럽인에게 스칸디나비아는 미지의 세계였지만, 그럼에도 불구하고 바이킹은 유럽에 관한 다양한 발견을 하면서 자신들의 세계를 넓혔습니다. 바이킹 시대는 또한 지리적 발견의 시대이기도 했다고 할 수 있습니다. 스노리가 쓴 앞서 든(제1장)의 『헤임스크링글라』에 노르웨이왕인 울라프 1세 트뤼그바손(재위 995~1000?)이나 울라프 2세 하랄손(재위 1015~1028)이 브리튼섬은 물론 아일랜드에서 러시아까지 종횡무진으로 활약했던 모습이 씌어 있습니다.

앞서 쓴 가열왕 하랄손 3세 등은 러시아의 키예프에서 콘스탄티노플에 이르러, 비잔틴 제국의 수비대장으로 활약하고, 시칠리아 제국의 권익을 지키기 위해 시칠리아에도 파견되었고, 심지어 예루살렘도 방문합니다. 그는 그 뒤 러시아의 공녀 옐리자베타를 아내로 맞아 귀국합니다. 귀국하고나서는 노르망디공 윌리엄을 방문하고, 마지막에는 앵글로색슨왕 해럴드 2세와 싸우다가 요크의 북쪽 스탬퍼드 브리지에서 전사합니다. 당시 하랄손 3세만큼 넓은 지역에서 활약했던 유럽인은 없었습니다.

울라프 2세 하랄손.

사가(saga)나 에다에서는 '먼 땅으로 여행을 했다(far-travelled)'가 용감한 이를 표현하는 수식어처럼 쓰이고 있는데, 그것은 또한 넓은 지역의 다양한 정보에 밝다는 뜻이기도 했습니다. 가열왕 하랄손이 노르망디공 윌리엄을 방문했을 때, 윌리엄의 비 마틸다가 밤이 깊도록 하랄손과 이야기를 해서 공이 질투를 했다는 이야기를 스노리가 「가열왕 하랄손의 사가」에서 전하고 있습니다. 이국에서의 모험담은 분명 듣는 이를 놓아주지 않는 매력적인 이야기였었음에 틀림없겠지요.

아이슬란드 사가에는 서쪽에서 북쪽으로 나아간 노르웨이계 바이킹이 식민지 개간을 위해 그린란드에 들어갔고, 더 나아가 아메리카에 이르렀다고 씌어 있으며 지명의 유래도 적혀 있습니다. 그것을 쓰고 있는 것은 「빨간 머리 에일릭의 사가」입니다. 그것에 따르면 그린란드(Greenland)라는 지명은 에일릭 자신이 개간하려 했던 그 땅에 고향 사람들도 오고 싶어지게끔 하고픈 의도에서 붙인 것이었습니다.

그 사가에 따르면 아메리카 대륙을 발견한 것은 에일릭의 아들 레이브입니다. 기원 1000년 무렵에 레이브는 노르웨이왕 울라프 1세 트뤼그바손의 명을 받아 그린란드에 그리스도교를 포교하러 가는데, 항로를 착각해서 미지의 섬에 닿았습니다. 섬에는 나무가 무성하고 야생 보리가 열려 있고 포도덩굴이 자라고 있었으므로 빈랜드(Winland : 포도의 땅?)라고 이름붙입니다. 그 뒤, 160명으로 구성된 다른 아이슬란드인 일곱 팀이 빈랜드를 탐험하고, 피부가 거무스름하고 못생긴 데다가 머리털은 부스스하고, 눈은 크고, 광대뼈가 튀어나온 원주민과 만납니다. 그리고 아무 것도 모르는 그들을 상대로 유리한 거래를 하거나 소소한 경쟁을 하면서 결국은 3년 동안 그 땅에 머물지요(『아이슬란드 사가』 pp. 165~198).

이 미지의 땅, 빈랜드의 발견은 역사상 최대의 발견일 가능성을 숨기고 있었습니다. 그곳은 캐나다 남동부의 뉴펀들랜드라 여겨지며 실제로 그 무렵의 바이킹이 겨울을 났던 터가 확인되고 있습니다. 그러나, 실제로는 유럽인의 주의를 끌었던 적이 없었고 식민활동도 계속되지 못했습니다. 마파 문디에는 아이슬란드는 그려져 있지만, 그린란드와 빈랜드는 그려져 있지 않습니다.

3.
대항해시대의 지명

지팡구와 엘 도라도

유럽 세계는 제쳐두고라도, 아시아나 아프리카는 십자군 원정을 몇 차례나 치른 뒤에도, 영국인에게는 거의 암흑 세계였다고 말할 수 있습니다. 마파 문디를 그린 이가 성직자였고 스노리가 최고 지식인이었음을 생각하면, 대부분의 유럽인의 세계는 이보다 훨씬 좁았음에 틀림없습니다. 신세계의 발견이 유럽인에게 가져온 충격의 크기를 엿볼 수 있습니다.

신대륙의 지명에는 발견자나 탐험가의 소망에서 유래한 것, 이주자의 출신지에서 유래한 것, 탐험가나 스폰서의 이름을 딴 것, 식민자들이 귀의하고 있던 종교에 뿌리를 둔 것 등 다양한 명명이 보입니다.

콜럼버스가 인도를 향해 항해하게 된 하나의 동기는 마르코 폴로(1254~1324)가 『동방견문록』에서 묘사했던 황금의 섬 지팡구를 발견하고 싶다는 생각이었습니다. 사실, 콜럼버스는 1492년 8월 3일에 스페인을 출발해 10월 12일에는 지향했던 인도에 가까우리라 여겨지는 섬에 상륙하는데, 상륙하자마자 금이 있는지를 빨리 알고 싶다든지, 지팡구에 어서 가고 싶다는 설레는 마음을 항해일지에 쓰고 있습니다.

이렇게 콜럼버스를 이끌었던 마르코 폴로의 지팡구섬 묘사는 다음과 같습니다. 조금 길지만, 세계를 크게 움직였을 정도의 기술이므로 여기에 전문을 옮깁니다.

"치팡구(지팡구)는 동해에 있는 커다란 섬으로, 대륙에서 2,400킬로미터 거리에 있다. 주민은 빛깔이 희고, 문화적이며, 물자는 풍부하다. 우상을 숭배하며 어디에도 속하지 않고 독립

대항해시대 15세기부터 17세기에 걸쳐서 에스파니아와 포르투갈을 선두로 유럽의 여러 나라가 경쟁적으로 탐험과 항해를 벌였던 시대를 대항해시대라 한다. 포르투갈의 엔리케 왕자가 아프리카 항로를 개척하기 위해 최초의 탐험대를 파견한 1415년을 대항해시대의 개막으로 볼 수 있다. 서구의 입장에서 보았을 때, 지리상의 '발견'이었기 때문에 '지리상의 발견시대'라고도 부른다. 13세기 이후 항해 기술이 발달하고 나침반이 발명되는 등 대항해시대를 열 수 있는 기반이 형성되었다. 1492년 콜럼버스의 아메리카 대륙 발견, 1522년 마젤란의 세계일주 등 굵직한 사건들이 있었던 대항해시대를 거치면서 유럽 사람들은 시야가 훨씬 넓어지고 새로운 세계관을 확립하게 된다. 한편, 유럽은 자신들이 얻은 새로운 지식과 경험을 토대로 아시아, 아프리카, 남아메리카 등의 지역에 대한 정치적 지배와 경제적 수탈로 권력의 확장을 추구하여 세계의 식민지화가 시작된다.

하고 있다. 황금은 무진장으로 있지만 국왕은 수출을 금하고 있다. 게다가 대륙에서 아주 멀기 때문에 상인도 이 나라를 별로 찾아오지 않으며, 그렇기 때문에 황금은 상상할 수 없을 정도로 풍부하다.

이 섬 지배자의 호화로운 궁전에 대해서 쓰자. 유럽의 교회당 지붕이 납으로 덮여 있듯이, 궁전 지붕은 온통 황금으로 덮여 있는데 그 값어치는 도저히 평가할 수 없다. 궁전 안의 길이나 방바닥은 널돌(板石)처럼 4센티미터 두께의 순금판을 빈틈없이 깔고 있다. 창마저도 황금으로 되어 있으므로 이 궁전의 호화로움은 참으로 상상의 범위를 뛰어넘는다.

장밋빛 진주도 다량 생산된다. 아름답고, 크고, 둥글며, 하얀 진주처럼 값비싼 것이다. 이 나라에서는 사체는 토장되기도 하고 화장되기도 한다. 토장을 할 때에는 진주를 입 안에 넣는 습관이 있다. 그 밖에 다른 보석도 많다.”

이만큼 금은보화가 넘쳐나는 곳이라면 목숨을 걸고 찾으러가고 싶다고 진지하게 생각하는 이가 많다 해도 이상하지 않을 것입니다. 마르코 폴로가 불렀던 치팡구에서 유래한 재팬(Japan)은 중국어 Riben이 어원이며, 뜻은 ‘일본(日本)’ 즉, ‘해의 기원’ ‘해가 나오는 곳’입니다.

금은을 향한 강한 동경을 이야기하는 전설 가운데 하나로 엘 도라도(El Dorado)가 있습니다. 엘 도라도란 남아메리카에 있는 전설의 황금향입니다. 전설에 따르면, 컬럼비아의 보고타 북동쪽의 아마존 강가에 있는 그 왕국은 어마어마하게 부유해서 왕은 금가루로 온몸을 꾸미고, 매일 밤 그 금가루를 씻어내고는 다음날 아침 해가 뜰 때에 새롭게 다시 꾸밉니다. 이 왕국에는 땅의 신에게 공물을 바치는 의식이 있는데, 국왕이 꽃배를 타고 호수로 나아가 금은보석을 호수에 던지고 자신도 호수에 잠겨 금가루를 씻어냅니다. 그러면 호수의 수면이 그 금가루로 빛납니다.

이런 전설이 퍼져갔다는 것 자체가 지리적 발견이 일확천금의 꿈에 얼마나 강하게 영향을 주었는지를 말해줍니다. '은의 나라'를 뜻하는 아르헨티나도 그런 꿈에서 영향을 받은 지명이라 할 수 있습니다. 이 땅은 1515년에 스페인 사람 후안 디아스 데 솔리스(1470?~1516)가 탐험했는데, 포르투갈이 영유를 주장하고 있던 지역보다 더 남쪽에 깊숙한 후미가 있는 것을 발견했습니다. 그는 그

중국으로 향하는 마르코 폴로.

것이 인도로 통하는 바다라고 생각해 계속해서 나아갔습니다. 그런데 바닷물이라 생각했던 물은 차츰 담수가 되어, 꿈을 단념할 수밖에 없었습니다. 거기서 그는 그 강을 '담수의 바다'(Mar Dulce)라 이름붙였습니다.

그 뒤, 이탈리아 사람 세바스티안 카보트(1472?~1557)가 그 후미를 탐험하고 원주민들이 은장식을 몸에 걸치고 있는 것을 보고 '은의 강'(Rio de la Plata)이라고 이름붙였습니다. 이것이 우르과이와 아르헨티나 사이에 있는 넓은 후미인 라 플라타강이나, 후미의 남안에 생겨난 도시 라 플라타(La Plata)의 유래입니다.

신대륙에 도착한 크리스토퍼 콜럼버스.

실제로 그 강을 거슬러가면 은의 산을 발견할 수 있다고 생각해서 두메까지 거슬러 올라갔던 탐험가들이 많았습니다. 이 라 플라타강에서 유래해서, 1816년에 독립을 이루었을 때에 자신들의 나라를 라틴어로 '은의(나라)'를 뜻하는 Argentina라 부르게 된 것입니다. 스페인어로는 아르헨티나, 영어로는 아르젠티나라고 발음합니다. 영어로 부르는 정식명칭은 the Argentine Republic(아르젠틴 공화국)입니다.

라 플라타는 독립 당시에는 아르헨티나의 중심도시였지만, 중앙집권파와 연방주의파의 정권투쟁의 장이었습니다. 그래서 서로가 타협할 수 있는 곳으로서 부에노스 아이레스를 수도로 선택했던 것입니다.

반종교개혁운동과 신대륙의 지명

그리스도교적인 지명이 세계 여러 곳으로 퍼져나간 것은 시대적으로 식민지 개발과 종교개혁운동이 겹쳤던 것이 커다란 이유였습니다. 콜럼버스는 항해일지 첫머리에, 자신이 이슬람교도 최후의 거점이었던 그라나다의 알함브라 궁전에 스페인왕의 기가 펄럭이는 것을 보고 흥분했던 것, 또한 그가 항해의 목적지인 인디아에 도착하면 가톨릭을 포교할 방침을 찾으라는 명령을 받았다는 것 등을 적고 있습니다.

프로테스탄트 운동의 커다란 물결이 일어난 것은 그로부터 한 세대가 지났을 무렵이었습니다. 당시 스페인 국왕은 카를로스 1세였는데, 그는 가톨릭의 수호자를 자처하는 신성로마제국 황제 카를 5세이기도 했습니다. 당연히 반(反)종교개혁운동이 이베리아 반도를 중심으로 일어나고, 식민지화가 계속 진행되었던 신대륙에서 포교활동이 왕성해졌습니다. 그 첨병을 맡았던 것은 예수회입니다. 그들은 어떤 미지의 땅에서도 식민자와 함께 살 곳을 정하고 포교활동을 벌였습니다.

칠레의 산티아고(Santiago), 미국의 샌프란시스코(San Francisco), 로스엔젤레스(Los Angeles), 브라질의 상파울루(São Paulo), 아르헨티나의 부에노스 아이레스(Buenos Aires) 등은 그런 풍조가 특히 잘 나타나 있는 지명입니다. 산티아고란 성 야고보(Jacob)를 말합니다. 산티아고는 스페인의 수호성인이자 국토회복운동의 영적 수호자가 되었던 성인이었습니다. 야고보 성인을 모신 스페인 북서부의 산티아고 데 콤포스텔라는 스페인이 국토회복전쟁을 가장 격렬하게 치

샌프란시스코 전경.

르고 있을 때 유럽에서 순례자들이 모여들었던 곳입니다.

샌프란시스코는 성 프란시스코(1181/82~1226)에서 비롯된 지명입니다. 그는 중세 후반에 로마 가톨릭의 지도자가 되어 가장 그리스도에 가까운 성인이라 불렸던 인물입니다. 로스엔젤레스는 '천사의 여왕'(the Queen of the Angels), 즉 성모 마리아에서 유래해 붙여진 지명입니다. 영어의 the Angels는 스페인어로는 los Ángeles입니다. 마리아는 중세 이래 가장 숭배되었던 성인으로 하늘의 여왕, 천사들의 여왕으로 불렸습니다.

부에노스 아이레스에도 열렬한 가톨릭 신앙의 영향이 보입니다. 이 지명은 Santa María de los Buenos Aires(좋은 바람의 성 마리아)가 짧아진 것입니다. 마리아는 스텔라 마리스(Stella Maris : 해성 海星)라 불리며 뱃사람들의 수호성인으로 여겨져 왔습니다. 산티아고 데 콤포스텔라의 수호성인 대(大) 야고보의 유체가 배에 실려 마리아에게 인도되어 팔레스티나에서 콤포스텔라에 이르렀다는 전설이

성 프란시스코.

273

그것을 잘 나타내고 있습니다.

새로 생긴 식민지를 이렇게 이름지은 것은 열대의 바람과는 다른 상쾌하고 부드러운 바람에 이끌려 이 땅에 오게 된 데에 감사하는 마음을 나타내기 위해서였습니다. 종교개혁 때에 프로테스탄트들이 성서에는 마리아 숭배의 근거가 그다지 눈에 띄지 않는다며 마리아 숭배를 부정했던 데 비해, 가톨릭교도는 마리아 숭배를 한층 강화했는데, 이 지명에도 반종교개혁의 기운이 반영되어 있다고 말할 수 있습니다.

상파울루란 가톨릭의 사실상의 창시자 바울을 가리킵니다. 브라질에서 가장 큰 도시이기도 한 상파울루는 원주민들을 포교하기 위해서 그 땅에 1554년에 포르투갈인 선교사가 인디오 교화를 위한 교회와 학교를 짓고, 그 땅을 상파울루라 불렀던 것이 지명의 유래

카라바조가 그린 「사도 바울의 개종」.

입니다. 바울은 신약 최초의 순교자가 되었던 성 스테파노 살해에 입회한 뒤에 이단분자인 그리스도교도를 박해하러 가던 도중 다마스쿠스 근처에서 "바울아, 바울아, 왜 나를 박해하느냐(사도행전 9장 4절)"고 말하는 예수의 목소리를 듣고 번개를 맞은 듯 땅에 엎드렸고, 그 일을 계기로 그리스도교로 개종했습니다.

이 에피소드는 어떤 죄인에게도 신의 자애는 미친다는 것, 그리고, 심한 박해자가 이와 같이 최고의 전도자가 될 수도 있음을 알려주는 좋은 예로서 그리스도교의 축일에도 특히 중요시되었습니다. 지명의 유래는 상파울루 건설을 기념하는 첫 미사가 성 바울이 그리스도교로 개종했던 기념일인 1월 25일에 열렸던 것에 따른 것입니다.

퓨리턴과 뉴잉글랜드

신대륙의 첫 번째 영국 식민지인 제임스타운(Jamestown)은 제임스 1세(재위 1603~1625)의 특허장에 의해 개척되었던 데에서 이런 지명이 붙여졌습니다. 제임스타운이 있는 버지니아주는 1580년대에 식민지화를 시도해 당시 여왕이자 처녀왕(Virgin Queen)으로 사랑받았던 엘리자베스 1세(재위 1558~1603)에서 연유해서 이름붙여졌습니다. 그리고, 1607년에 실질적으로 이주가 이루어져서 제임스타운이 건설되었을 때에는 이미 제임스 1세의 시대가 되었던 것입니다.

뉴잉글랜드(New England)라는 지명을 붙인 이는 제임스타운 식민지를 중심으로 삼아 개척했던 존 스미스(1580~1631)입니다. 그는 1614년에 오늘날 보스턴이 있는 해안지방이 잉글랜드의 시골 풍경과 무척 닮은 데에 감동을 받아 이렇게 이름붙였습니다.

뉴잉글랜드의 보스턴은 1630년에 매사추세츠만 식민지 지사를 오랫동안 지냈던 존 윈슬럽(1588~1649)이 의견을 내서 붙여진 지명입니다. 존 윈슬럽은 열렬한 청교도였으며 새로운 식민지 개척지를 세상의 빛이 될 '언덕 위의 마을'(City on the Hill)로 만들고 싶다는 강한 염원을 갖고 있었습니다. 그는 링컨셔의 보스턴 출신 이민자였는데, 그곳은 퓨리턴들이 네덜란드를 향해 출항하려던 계획이 발각되어 투옥되었던 곳이기도 했습니다.

보스턴 주위에는 메이플라워호와 깊은 인연이 있는 플리머스(Plymouth)나 다트머스(Dartmouth)를 시작으로 글로스터, 레딩, 메드퍼드(Medford), 우스터, 슈루즈버리 등 이민자의 출신지 지명이 많이 보입니다.

필그림 파더스들이 출범했던 곳은 사우샘프턴입니다. 메이플라워호는 처음에는 스피드웰이라는 배와 함께 두 척으로 미국을 향해 출발했습니다. 그런데 스피드웰이 물이 새어 다트머스로 돌아갔습니다. 수리해서 다시 출발하는데 또다시 물이 새어 이번에는 플리머스로 돌아갔습니다. 거기서 마침내 스피드웰을 포기하고 메이플라워호만이 세 번째 출항을 하게 됩니다. 그 마지막 출항지에서 연유해서 미국의 식민지를 플리머스라 이름붙인 것입니다. 처음에는 뉴 플리머스라고 불리고 있었습니다.

원리주의적 경향을 갖고 있던 필그림 파더스들은 전통적인 전례나 성인숭배에는 열심이 아니었고, 순수한 종교개념을 나타내는 말을 인명이나 지명에 갖다 썼습니다. 그들이 신대륙에 상륙하기 직전에 태어났던 아이가 페러그린(Peregrine)이라 이름지어졌는데, 이 이름을 필그림(pilgrim)의 어원인 라틴어 peregrinus(이국인)의 변화형입니다. 중세 이래로 이 말은 고국에는 돌아가지 않을 각오로 먼 타향으로 향했던 선교사를 뜻하는 말로 쓰이고 있었습니다. 필그림 파더스들의 심경을 잘 나타낸 말입니다.

로드 아일랜드주의 주도(州都)인 프로비던스(Providence)는 1631년에 보스턴으로 이주한 열렬한 청교도 로저 윌리엄스(1603?~1684)가 중심이 되어 개척한 식민지입니다. 이 항구도시는 나중에 미국 독립전쟁의 계기가 되었던 보스턴 차 사건이 일어난 곳이기도 합니다. Providence의 원래 뜻은 '선견'인데, '신의 섭리'를 뜻하는 말로 쓰였습니다. 이 지명은 신의 자애깊은 섭리를 기원하며 붙여진 것입니다.

마찬가지로 매사추세츠주 동부의 콩코드(Concord : 화합)도 청교도들이 1635년에 개척한 정주지였습니다. 이 지명은 원주민들과 좋은 관계를 맺어야만 개척자들이 살아남을 수 있었던 데에서 특히 그들과의 우호를 기원하며 붙여진 지명입니다.

뉴햄프셔주의 주도인 콩코드(Concord)는 1727년부터 정주가 시작되어 아메리카 원주민 말로 페니쿡(Pennycook : 판을 세로로 자른 곳)이라 명명되고 처음에는 매사추세츠에 병합되었습니다. 그러

나 몇 년 뒤에는 뉴햄프셔에 병합되게 되어 어느 쪽에 속할 것인지
를 둘러싸고 오래 살아온 주민들 사이에 대립이 이어졌습니다. 그
리고 1763년에 경계선 문제가 재판으로 해결되어 뉴햄프셔에 귀속
된다고 결정된 것을 계기로 주민들의 융화를 바라며 이렇게 이름붙
여졌던 것입니다.

이 책을 쓴 **우메다 오사무梅田 修**는 1941년 효고현 아카시시에서 태어났다. 교토가쿠게이대학 영문과를 졸업하고, 몬태너 주립대학 교육학부 석사과정 수료. 무코가와여자대학 조교수를 거쳐 지금은 유통과학대학 정보학부 교수로 일하고 있다. 지은 책으로 『영어어원 이야기』, 『영어어원사전』, 『유럽인명어원사전』(모두 다이슈칸쇼텐大修館書店 펴냄), 『세계 인명이야기』(고단샤講談社 펴냄) 등이 있다.

이 책을 우리말로 옮긴 **위정훈**은 고려대학교 서어서문학과를 졸업하고, 출판사 편집자를 거쳐 영화주간지 「씨네21」에서 기자생활을 했다. 2003년부터 2년 동안 도쿄대 대학원 총합문화연구과 객원연구원으로 유학했다. 지금은 출판기획과 번역을 하고 있다. 옮긴 책으로 『뿌리깊은 인명이야기』가 있다.

이 책에 삽화를 그린 **배영헌**은 1975년 경남 고성에서 태어나 고려대학교 신문방송학과를 졸업했다. 한겨레 만화학교를 수료하고 현재 홈페이지 (www.cyworld.com/baeuri50)에 작품을 연재하고 있다.

뿌리깊은 지명이야기

지은이 _ 우메다 오사무
옮긴이 _ 위정훈
펴낸이 _ 강인수
펴낸곳 _ 도서출판 **피피에**

초판 1쇄 발행 _ 2006년 9월 1일

등록 _ 2001년 6월 25일 (제1-2881호)
주소 _ 110-051 서울시 종로구 도렴동 117-1 성완빌딩 501호
전화 _ 02-733-8668
팩스 _ 02-732-8260
이메일 _ papier-pub@hanmail.net

ISBN 89-85901-43-5 03900

잘못 만들어진 책은 바꾸어 드립니다.
값은 뒷표지에 있습니다.